CÔTE D'AZUR

von Manuela Blisse und Uwe Lehmann

Die Journalisten **Manuela Blisse** und **Uwe Lehmann** leben und arbeiten in Berlin. Gemeinsam haben sie ihre Hobbys zum Beruf gemacht und schreiben in ihrem eigenen Redaktionsbüro über die schönen Dinge des Lebens. Neben Reisebüchern und Artikeln über Australien, Berlin, Griechenland, Südfrankreich oder die Ostsee widmen sie sich für Tages- und Fachzeitungen vornehmlich den Bereichen Essen & Trinken, Hotels, Lifestyle und Mode.

www.vistapoint.de

Inhalt

Top 10 & Willkommen

🔟 **Top 10:** Übersichtskarte . . . . vordere innere Umschlagklappe
🔟 **Top 10:** Das sollte man gesehen haben . . . . hintere Umschlagklappe

Willkommen an der Côte d'Azur 4

Chronik

Daten zur Geschichte 6

Vista Points – Sehenswertes

Reiseregionen, Orte und Sehenswürdigkeiten 10

Service von A bis Z

Côte d'Azur in Zahlen und Fakten 78
Anreise, Einreise 78
Auskunft 79
Automiete, Autofahren 80
Diplomatische Vertretungen 81
Einkaufen 81
Essen und Trinken 81
Feiertage, Feste, Ferien 82
Geld, Kreditkarten 83
Hinweise für Menschen mit Handicap 83
Klima, Kleidung, Reisezeit 83
Medizinische Versorgung 83
Mit Kindern an der Côte d'Azur 84
Nachtleben 84
Notfälle 84
Öffnungszeiten 84
Post 84
Rauchen 84
Sicherheit 85
Sport und Erholung 85
Strom 85
Telefonieren, Internet 86
Trinkgeld 86
Unterkunft 86
Verkehrsmittel 87
Zoll 87

Inhalt · Zeichenerklärung

Sprachführer

Die wichtigsten Wörter für unterwegs 88

Extras – Zusatzinformationen

Das weiße Gold – Salz 8
Corniche d'Or 28
Lérina – der Kräuterlikör der Mönche 35
Feste und Events in Nizza 59
Monaco aus der Vogelperspektive 70
Besuch der Gärten und Parks von Menton 77

Register 94
Bildnachweis und Impressum 96

Zeichenerklärung

 Top 10
Das sollte man gesehen haben, siehe vordere und hintere Umschlagklappe.

 Vista Point
Reiseregionen, Orte und Sehenswürdigkeiten

 Symbole
Verwendete Symbole siehe hintere innere Umschlagklappe.

 Kartensymbol: Verweist auf das entsprechende Planquadrat der ausfaltbaren Landkarte bzw. der Detailpläne im Buch.

Willkommen an der Côte d'Azur

Eigentlich ist die Côte d'Azur ein künstliches Konstrukt, eine Erfindung des französischen Schriftstellers Stephen Liégeard, der Ende 1887 ein Buch über den Küstenstreifen, den er *Côte d'Azur* nannte, veröffentlichte. Bei Liégeard reichte die Côte d'Azur von Hyères im Westen bis Menton im Osten. Menton als östliches Ende der Côte d'Azur ist bis heute unumstritten. Verschiedene Meinungen gibt es hingegen darüber, wie weit nach Westen die »Blaue Küste« reicht. Für Traditionalisten ist mit der Côte d'Azur bereits westlich von Cannes Schluss. Für andere reicht sie zumindest bis St-Tropez, in diesem Buch bis Toulon, und Klaus und Erika Mann definierten sie 1931 gar bis Marseille.

Nicht nur auf Schriftsteller wie Klaus und Erika Mann oder Lion Feuchtwanger übte die sonnige Küste einen starken Reiz aus, auch viele bildende Künstler wurden von ihr inspiriert: Henri Matisse, Pierre-Auguste Renoir, Pablo Picasso, Marc Chagall oder Niki de Saint Phalle.

Die ersten, die zur Erholung an eine der schönsten Küsten der Welt reisten, waren jedoch britische Adlige, die bereits zu Beginn des 19. Jahrhunderts dem nasskalten England entflohen und den Winter im milden Klima der südfranzösischen Küste verbrachten. Dem Adel folgten schon bald Schauspieler, Rennfahrer oder Stahl-Barone. Vor allem Hollywood entdeckte den wunderbaren Landstrich für sich. Die Illusion von perfekter Harmonie, einmaliger Landschaft, klarstem Licht und reinsten Farben zieht seit Jahrzehnten auch die »normalen« Urlauber in ihren Bann.

Heute ist die Côte d'Azur in weiten Teilen ein dicht besiedelter Ballungsraum, wo auf engstem Raum Tourismus und neue Industrien einträchtig nebeneinander existieren. Doch die Klientel in Frankreichs meistbesuchter Ferienregion hat sich geändert: Bei Promis und VIPs steht das Hinterland hoch im Kurs, an die Küste reisen neben Franzosen, Deutschen und reichen Ölscheichs auch zunehmend mehr Urlauber aus osteuropäischen Staaten. Dennoch findet man vor allem in der Nebensaison auch immer wieder traumhaft schöne, ruhige Plätze.

Für betuchte Gäste: der Strand des Nobelhotels Carlton in Cannes

Chronik

Daten zur Geschichte

Ur- und Frühgeschichte
Die französische Mittelmeerküste und ihr Hinterland zählen zu den ältesten Siedlungsgebieten der Menschheit. Östlich von Menton wurden beispielsweise Skelette des so genannten Crô-Magnon-Menschen gefunden, eines direkten Vorfahren des *Homo sapiens*.

Ca. 4500 v. Chr.	In der Provence bilden sich die ersten bäuerlichen Ansiedlungen. Erste Spuren von frühem Getreideanbau konnten im Rhône-Tal nachgewiesen werden.
Ab 620 v. Chr.	Die Griechen kolonialisieren die südfranzösische Küste und gründen Marseille, Nizza, Antibes, Arles und Monaco.
121 v. Chr.	Teile Südfrankreichs werden zur römischen Provinz – daher auch der Name Provence. Die Römer gründen Aix-en-Provence.
49 v. Chr.	Marseille wird von Caesar zerstört, da es sich im römischen Bürgerkrieg auf die Seite seines Widersachers Pompeius geschlagen hatte.
1.–4. Jh. n. Chr.	In den ersten zwei bis vier Jahrhunderten n. Chr. entwickelt sich die Provence zur blühenden römischen Kolonie. Die Theater von Arles und Orange sowie der Pont du Gard werden gebaut. Langsam hält das Christentum in Südfrankreich Einzug, gleichzeitig beginnen im 4. Jh. die Westgoten nach Süden vorzustoßen.
471	Die Westgoten erobern Arles und werden später von den Burgundern verdrängt, die wiederum von den Ostgoten abgelöst werden.
537	Die Franken vertreiben die Ostgoten und schaffen sich so einen Zugang zum Mittelmeer.
843	Durch den Vertrag von Verdun kommt die Provence in den Besitz von Lothar, einem Enkel Karls des Großen.

Der Hafen von St-Raphaël mit Blick auf Fréjus

Daten zur Geschichte

Blick von der Corniche auf das Bergdorf Èze

879	Boso von Vienne gründet das Königreich Provence, das jedoch schon bald an Burgund fällt.
972	Der Stützpunkt der Sarazenen im Hinterland von St-Tropez wird zerstört. Die Überfälle und Plünderungen der Küstenregion haben damit ein Ende. Im selben Jahr gründet Wilhelm, Graf von Arles, das provenzalische Grafenhaus.
Um 1140	Die »drei provenzalischen Schwestern«, die Zisterzienserklöster von Sénanque, Le Thoronet und Silvacane, werden gegründet.
1125	Die Provence fällt an die Grafen von Toulouse.
1178	Durch Heirat gelangt die Provence in den Besitz der Grafen von Barcelona.
1305	Der Erzbischof von Bordeaux, Bertrand de Got, besteigt als Clemens VI. den Papststuhl und erklärt vier Jahre später Avignon zu seiner Residenz. Bis 1377 residieren insgesamt sieben Päpste in Avignon, hinzu kommen bis 1403 noch zwei Gegenpäpste in Konkurrenz zu den inzwischen wieder in Rom herrschenden Oberhirten.
1388	Die Grafschaft Nizza geht an das immer mächtiger werdende Haus Savoyen.
1481	Nach dem Tod von Graf René von Anjou und seines ihm nachfolgenden Neffen Karl II. von Maine erbt der französische König Ludwig XI. die Provence.
16. Jh.	Auch in Südfrankreich toben die Religionskriege zwischen Protestanten und Katholiken. 1545 werden im Lubéron über 2000 Waldenser massakriert. Der Glaubenskrieg endet 1560 mit dem Edikt von Nantes. Zudem kommt es Ende des 16. Jahrhunderts auch zu blutigen Bauernaufständen.
1555	Nostradamus veröffentlicht in Salon-de-Provence seine Weissagungen.

Chronik

Das weiße Gold – Salz
Wirtschaftliche Bedeutung erlangte ab dem 16. Jahrhundert das Salz. Die Salzstraße über den Col de Tende wurde unter der Herrschaft Savoyens zwischen Nizza und Turin für den Salztransport angelegt. Gewonnen wurde das weiße Gold in Hyères und Toulon. Durch den Anschluss der Grafschaft Nizza hatte der Alpenstaat Savoyen einen Zugang zum Mittelmeer erlangt. Der natürliche Hafen von Villefranche wurde zum Freihafen ausgebaut. Das 16. und 17. Jahrhundert waren die goldenen Zeiten für die Dörfer entlang der Salzstraße, die von über 30 000 Maultierkarawanen pro Jahr genutzt wurde.

1720/21	In Marseille fallen über 40 000 Menschen dem Schwarzen Tod, der Pest, zum Opfer.
1765	Die ersten englischen Adeligen kommen an die südfranzösische Küste, um in mildem Klima dem feuchten und kalten Winter auf der Britischen Insel zu entfliehen.
1789	Beginn der Französischen Revolution.
1793	Der korsische Leutnant Napoléon Bonaparte beendet die englische Besatzung von Toulon und wird für seine Verdienste zum General befördert.
1815	Napoléon, der sich am 2. Dezember 1804 selbst zum Kaiser gekrönt hatte, flieht aus seinem Exil auf Elba und landet am 1. März bei Cannes. Er zieht auf der heutigen *Route Napoléon* über Grasse und Grenoble nach Paris, wo er am 20. März von Beifallsstürmen des Volkes begleitet eintrifft. Seine »Herrschaft der hundert Tage« beginnt, die mit seiner Niederlage in der Schlacht von Waterloo endet.
1860	Nach einer Volksabstimmung fällt die Grafschaft Nizza an Frankreich.
1887	Mit seinem Buch »La Côte d'Azur« gibt der französische Schriftsteller, Jurist und Politiker Stephen Liégeard der Küste zwischen Hyères bzw. Cannes im Westen und Menton im Osten einen Namen.
1933	Viele deutsche Intellektuelle flüchten vor den Nationalsozialisten in den Süden Frankreichs und bilden mancherorts wie in Sanary-sur-Mer Exilanten-Kolonien.
1942	Die deutsche Wehrmacht besetzt die bis dahin sogenannte »freie Zone« Südfrankreichs.
1944	Am 15. August landen die Alliierten an der Küste bei Toulon und befreien den Süden Frankreichs.
1962	Nach Ende des algerischen Unabhängigkeitskrieges siedeln viele *pieds noirs* (Schwarzfüße = Auslandsfranzosen) von Algerien nach Südfrankreich um.
1974	Die sechs Départements Alpes-Maritimes, Hautes-Alpes, Alpes-de-Haute-Provence, Var, Vaucluse und Bouches-du-Rhône bilden die Region Provence-Alpes-Côte d'Azur, PACA.
1998–2003	Die rechtsradikale Front National stellt nach den Kommunalwahlen die Bürgermeister von Toulon, Orange und Vitrolles, sie werden 2001 wiedergewählt. Ostern 2003 findet der Parteitag der Front National in Nizza statt. Die

Daten zur Geschichte

	Vereinigung für die Demokratie in Nizza (ADN) setzt sich gegen das Image der Küstenstadt als Hochburg der Rechten zur Wehr.
2005	Am 6. April stirbt Fürst Rainier III., der 56 Jahre über das kleine Fürstentum Monaco herrschte. Ihm folgt sein Sohn Albert als Staatsoberhaupt nach.
2007	Im Mai löst Nicolas Sarkozy Jacques Chirac als Staatspräsident der französischen Republik ab.
2010	Monaco bekommt ein neues Nationalmuseum: das Nouveau Musée National de Monaco.
2012	Erstmals seit 17 Jahren gewinnt mit François Hollande ein Sozialist wieder die Präsidentenwahl.
2013	Marseille ist europäische Kulturhauptstadt und zieht mit neuen Museen und Bauwerken viele Besucher an.
2015	Überschwemmungen im Oktober richten einen geschätzten Schaden in Höhe von 650 Millionen Euro an. Mindestens 20 Menschen sterben infolge der sintflutartigen Regenfälle. ■

»Napoléon auf dem Großen St. Bernhard«: Gemälde von Jacques-Louis David (1801, Kunsthistorisches Museum, Wien)

Vista Points – Sehenswertes

Reiseregionen, Orte und Sehenswürdigkeiten

Die Orte und Sehenswürdigkeiten der Côte d'Azur sind in geografischer Reihenfolge von West nach Ost aufgeführt.

Toulon

Es sind nicht allzu viele Touristen, die Toulon besuchen, und denen, die kommen möchten, macht es die knapp 200 000 Einwohner zählende Hafenstadt schon bei der Anreise nicht leicht. Beherrschen doch rechts und links der Einfallstraßen unschöne Trabanten-Siedlungen und Gewerbegebiete die Szenerie. Toulon fehlt es auf den ersten Blick an jeglicher mediterraner Schönheit. Doch der städtische Flaneur stößt immer wieder auf charmante Ecken. Wer einen Blick für Gegensätze und Absurditäten urbanen Hafenlebens hat, findet eine solche Ecke z. B. an der Rue Chevalier/Rue Victor Micholet, wo Fassadenmalerei ein ehemaliges Bordell und dessen Nachbarhaus ziert. Vor allem in der **Altstadt** mit weitläufiger Fußgängerzone, vielen Brunnen, netten Restaurants, **Oper**, geschäftiger Markthalle, **Kathedrale** und dem Place Victor Hugo zeigt sich Toulon von einer angenehmen Seite. Durch die Altstadt – im 19. Jahrhundert galten Toulon und Umgebung wegen der stattlichen Anzahl von 203 Brunnen als »Stadt der Brunnen« – führt der **Circuit touristique**, ein ausgeschilderter Stadtrundgang.

Bereits im 16. Jahrhundert wurde der traditionsreiche Marinestandort von Ludwig XII. zum Militärhafen ausgebaut. Hier begann übrigens der Aufstieg von Napoléon Bonaparte, der im Dezember 1793 den wichtigen französischen Hafen von der englischen Besatzung befreite und aufgrund dieses Sieges zum General befördert wurde.

Eine Sünde der 1970er Jahre ist die Bebauung an der **Hafenpromenade**. In Augenhöhe sieht eigentlich alles ganz normal aus: die üblichen Restaurants, Bars, Snack-Cafés und Souvenirshops wechseln einander mit schöner Regelmäßigkeit ab, davor promeniert die Jugend. Doch wandert der Blick nach oben, traut man seinen Augen nicht. Die schnuckeligen Bars und Cafés befinden sich in einem etwa 600 Meter langen, siebenstöckigen Plattenbauriegel, der den Hafen komplett von der Altstadt absperrt. Dennoch sitzt es sich in den Hafencafés bei *Moules Frites* und Blick auf die Bucht recht angenehm.

🛈 Tourist Information
12, place Louis Blanc, 83000 Toulon
☏ 04 94 18 53 00

Toulon

www.toulontourisme.com
März–Okt. Mo–Sa 9–18, Di 10–18, So/Fei 10–12 Uhr

🏛 Hôtel des Arts
236, bd. Maréchal Leclerc, Toulon
✆ 04 83 95 18 40, www.hdatoulon.fr
Tägl. außer Mo 10–18 Uhr, Eintritt frei
Das Haus stammt aus dem 19. Jh., die Kunst – Malerei, Skulpturen und Fotos – aus der zweiten Hälfte des 20. Jh. bis heute.

🏛 Maison de la Photographie
Rue Nicolas Laugier, Place du Globe, Toulon
✆ 04 94 93 07 59, Di–Sa 12–18 Uhr, Eintritt frei
Zeitgenössische Fotografie und Figurenmuseum.

🏛 Musée d'Art
113, bd. Général Leclerc, Toulon
✆ 04 94 36 81 01, tägl. außer Mo 12–18 Uhr, Eintritt frei
Fotos und eine Sammlung provenzalischer Maler des 17.–20. Jh. in einem italienischen Renaissance-Bau.

🏛 Musée d'Histoire Naturelle de Toulon et du Var
737, chemin du Jonquet, Toulon
✆ 04 83 95 44 20, www.museum-toulonvar.fr
Tägl. außer Mo 9–18 Uhr, Eintritt frei
Naturwissenschaftliche Sammlung.

🏛 Musée d'Histoire de Toulon et sa Région
10, rue Saint-Andrieu, Toulon
✆ 04 94 62 11 07, www.avtr.fr
Di–Sa 14–18 Uhr, Eintritt frei
Erinnerungsstücke erzählen die Geschichte von Toulon und der Region.

Die Hafenpromenade in Toulon

Vista Points

Toulon im Nahverkehrsnetz
In Toulon gibt es für das Nahverkehrsnetz eine **Tageskarte** (€ 6) für die unbegrenzte Nutzung von Bussen und Schiffen, in der auch eine Hin- und Rückfahrt mit der Kabinenbahn »Téléphérique du Mont Faron« eingeschlossen ist. www.reseaumistral.com

🏛 Musée Jean Aicard/Paulin Bertrand
Av. du 8 Mai 1945, La Garde, Toulon
📞 04 94 14 3 78, Di–Sa 12–18 Uhr, Eintritt frei
Außerhalb des Zentrums taucht man in den Alltag des provenzalischen Poeten Jean Aicard ein. Büro und Bibliothek sind mit persönlichen Gegenständen bestückt, außerdem Werke des Malerfreunds Paulin Bertrand. Das Museum widmet sich auch dem orientalischen Zeitgeschmack des ausgehenden 19. Jh.

🏛 Musée National de la Marine
Place Monsenergue, Quai de Norfolk, Toulon
📞 04 22 42 02 01, www.musee-marine.fr
Sept.–Juni tägl. außer Di 10–18, Juli/Aug. tägl. 10–18 Uhr
Eintritt € 6, Kinder frei
Unter den Schiffsmodellen sind zwei spektakuläre, ca. 5 m lange Exponate, außerdem Galionsfiguren, Gemälde und Karten. Der Glockenturm auf dem Arsenal-Gelände läutete einst zu Beginn und Ende der Arbeitszeit.

👁 Cathédrale Ste-Marie-de-la-Seds
55, place da la Cathédrale, Toulon
Mo–Sa 7.30–12, 14.30–19 (Sommer ab 15), So 16–17 Uhr
Romanische Kirche aus dem 17. Jh. mit klassischer Fassade, barocken Details, massivem Turm mit schmiedeeisernem Glockenturmaufsatz und gotischem Inneren.

👁 Kupfermine von Cap Garonne
100, chemin de Baou Rouse, Le Pradet
📞 04 94 08 32 46, www.mine-capgaronne.fr
Mi, Sa/So/Fei nur mit Führung 14.30 und 16 Uhr
Eintritt € 7/4,50, unter 6 J. frei
Die alte Kupfermine von Cap Garonne bei Le Pradet, eine der schönsten Mineralfundstätten der Welt, beherbergt auf rund 4000 m^2 Galerien und Mineralausstellungen.

👁 Le Bateau sculpture
Rue Vezzani, Passage des Capucines, Toulon
Aus der Wand eines normalen Wohnhauses ragt ein Schiffsbug: der originalgetreue Nachbau eines königlichen Schiffes aus dem 17. Jh. Das Neptun-Original befindet sich im Musée de la Marine.

👁 🎭 Opéra
Bd. de Strasbourg, Toulon
📞 04 94 92 70 78, www.operatoulon.fr
Der schöne Bau des Théâtre Municipal von 1862, der

Toulon

Maritime provenzalische Santons (Toulon)

größten Oper der Region, ist bekannt für seine hervorragende Akustik. Die Statuen an der prächtigen Fassade symbolisieren Tragödie und Komödie. Das Innere zeigt sich im puren Stil Napoléons III.: in Rot und Gold gehalten, bestückt mit Bildern, Stuck und Bronze.

◉ 🏛 🌲 Téléphérique du Mont Faron

Toulon
℅ 04 94 92 68 25, www.telepherique-faron.com
Anfang–Mitte Feb., Mitte–Ende März Di–Fr 10–12.15, 14–17.30, Sa/So 10–17.30, Mitte–Ende Feb., Nov. tägl. 10–17.30, Anf.–Mitte März tägl. 10–18, April, Okt. tägl. 10–18.30, Mai/Juni, Sept. tägl. 10–19, Juli/Aug. tägl. 10–19.45 Uhr, Eintritt € 7/5 (4–10 J.)
584 m ist er hoch, Toulons Kalksteinberg Mont Faron. Er ist zwar nicht die höchste Erhebung an der Mittelmeerküste, aber die einzige mit Seilbahn. Einen kleinen Zoo mit Raubtierzucht gibt es auf dem Gipfel auch. Einstieg: Bd. Admiral Vence (nördlich des Zentrums), Buslinie 40, Haltestelle »Téléphérique«. Kein Seilbahnverkehr bei starkem Wind.

✕ Au Sourd

10, rue Molière, Toulon
℅ 04 94 92 28 52, www.ausourd.com
Di–Sa 12–14 und 19.15–22 Uhr
Eine Institution gegenüber der Oper mit ausgezeichneten Meeresfrüchten und Fisch. €€–€€€

✕ Herrero

45, quai de la Sins, Toulon
℅ 04 94 41 00 16, www.restaurant-herrero.fr
Tägl. außer Mo Lunch/Dinner
In der Nähe des Hafens. Gute provenzialische Küche mit Schwerpunkt auf Fisch und Meeresfrüchten. €€

> **Moules et Frites**
>
> Kulinarischer Promenadenrenner: *Moules Frites* (Muscheln mit Pommes frites). Fast jedes Restaurant bietet die Schalentiere in etlichen Varianten an, z. B. mit Safran, Curry oder Weißwein, um € 12.

Vista Points

✗ Brioche Dorée
8, place Amiral Victor Sénés und 1, place Camille Ledeau, Toulon, tägl. 6–22 Uhr
Filialen einer französischen Kette von Kaffee- und Gebäckshops. An einem hübschen Altstadtplatz gelegen, ist es eine gute Frühstücksadresse. €

✗ Arper Le Chamo
Place Noël, Toulon
✆ 04 94 93 14 37, tägl. Lunch/Dinner
Straßenverkauf mit süßen und herzhaften Backwaren für den kleinen oder großen Hunger zwischendurch – und das rund um die Uhr 365 Tage im Jahr. €

🛍 Le Fêtard
93, av. Franklin Roosevelt, Toulon
✆ 04 94 42 52 60, www.fetard-toulon.fr
Mo–Sa 9–12 und 14–19 Uhr
Alles fürs richtige Outfit zum Karneval in Nizza oder für Halloween.

🛍 Galeries Lafayette
9, bd. de Strasbourg, Toulon
✆ 04 94 22 39 71, www.galerieslafayette.com
Tägl. 9.30–19.30 Uhr
Auch in Toulon hat das bekannte Kaufhaus eine Filiale.

⚓ Hafenrundfahrten
Ganzjährig, Dauer ca. 1 Std., Preis um € 10
Außerdem Ausflugsschiffe und Linienverkehr nach St-Mandrier, Sablettes, Tamaris, Le Seyne. Andere Boote machen Ganztagestouren zur Île de Porquerolles.

🎵 🎭 Feste
– **Jazz à Toulon** im Juli
– **Festival du Film maritim d'Exploration et d'Environnement**, www.fifme.com, im Sept./Okt.

Hyères
Obwohl kein klassischer Strand- und Badeort, entwickelte sich das einige Kilometer von der Küste entfernt gelegene Hyères (54 000 Einwohner) bereits im frühen 19. Jahrhundert zum beliebten Erholungsort der damaligen Society. Adel, Künstler und Industrielle tummelten sich hier, aber nicht im Sommer, wie man heutzutage annehmen würde, sondern im Winter.

Zu verdanken hatte das Städtchen mit der verschachtelten Altstadt seinen Ruhm dem milden Klima, der üppigen Vegetation – man schmückt sich gern ob der vielen Palmen mit dem Beinamen *Les Palmiers* – und den reizenden Îles d'Hyères vor der Küste. Prächtige Villen und das renovierte Kasino stammen aus jener glanzvollen Zeit. Doch bereits ge-

Toulon · Hyères

Der Mistral lässt die Funboards hüpfen

gen Ende des 19. Jahrhunderts – der Begriff Côte d'Azur wurde gerade erfunden – liefen Nizza und Cannes Hyères den Rang als beliebtestes Winterdomizil ab.

Die **Îles d'Hyères**, bestehend aus den Inseln Levant, Port-Cros und Porquerolles, begeisterten damals wie heute Naturliebhaber mit ihrer außergewöhnlichen Tier- und Pflanzenwelt. Windsurfer nutzen den kräftig wehenden Mistral an den Stränden der vorgelagerten Halbinsel **Presqu'île de Giens**. Zu Stränden und Inseln gesellen sich in der Stadt einige Sehenswürdigkeiten wie der **Templer-Turm**, die **Stiftskirche St-Paul**, die **Kirche St-Louis**, das im Parc St-Bernard auf dem höchsten Punkt der Stadt (Aussicht!) gelegene **Château** und die avantgardistische, deutlich vom Kubismus geprägte **Villa de Noailles**. Der Architekt Robert Mallet-Stevens hat die Villa 1924–33 erbaut, Luis Buñuel nahm sie zum Schauplatz seines skandalträchtigen Films »Das goldene Zeitalter«.

ℹ️ Tourist Information
Av. de Belgique, Rotonde du Park Hotel
83400 Hyères, ✆ 04 94 01 84 50
www.hyeres-tourisme.com, www.porquerolles.com
Sept.–Juni Mo–Fr 9–18, Sa 10–16, Juli/Aug. tägl. 9–19 Uhr

📷 Château d'Hyères
Ein paar Ruinen des alten Schlosses aus der ersten Hälfte des 11. Jh. stehen noch. Vor allem der Ausblick auf die Stadt und bis zu den Inseln ist fantastisch!

📷 Villa Noailles
Montée de Noailles, Hyères
✆ 04 98 08 01 98, www.villanoailles-hyeres.com
Mi–So 13–18, Fr 15–20 Uhr, Eintritt frei
Die kubistische 40-Zimmer-Villa war der erste Bau der modernen Architektur in Frankreich und zwischenzeitlich stark sanierungsbedürftig. Ein Teil der Räume wurde

Vista Points

inzwischen restauriert. Regelmäßige Ausstellungen ermöglichen den Zugang. Auch Führungen möglich.

☒ Les Jardins de Bacchus
32, av. Gambetta, Hyères
✆ 04 94 65 77 63, www.bacchushyeres.com
So/Mo geschl.
Etabliertes, immer wieder von Gault Millau und Michelin gelobtes Restaurant. €€€

☒ La Colombe
`G2`
663, route de Toulon La Bayorre, Hyères
✆ 04 94 35 35 16
www.restaurantlacolombe.com
Sept.–Juni Sa mittags, So abends, Mo geschl., Juli/Aug. Mo, Di und Sa mittags geschl.
Tartar vom Krebs mit *Crisby*-Gemüse oder Hummer-Ravioli in einer Anis-Sauce: Das La Colombe ist längst kein Geheimtipp mehr. €€–€€€

☒ Le Poisson Rouge
Route du Port du Niel, Giens-Hyères
✆ 04 94 58 92 33
www.restaurantlepoissonrouge.fr
So Abend, Mo geschl.
Beliebtes Restaurant bei Giens direkt am Meer. €€

☒ ☒ ☒ Casino des Palmiers
1, av. Ambroise Thomas, Hyères
✆ 04 94 12 80 80, www.hotelcasinohyeres.fr
Das prachtvolle restaurierte Kasino ist so etwas wie der gesellschaftliche Mittelpunkt des Palmenstädtchens. Neben den üblichen Glücksspielvarianten von Black Jack bis Roulette gibt es Restaurants und Bars sowie ein luxuriöses, kleines Hotel.

✺ Festival International de Mode et de Photographie
Hyères, Ende April/Anfang Mai

Ausflugsziel:

🏛 Site archéologique d'Olbia – L'Almanarre
Quartier de l'Almanarre, von Hyères aus D 559 Richtung Carqueiranne oder Buslinie 39 ab Busbahnhof
✆ 04 94 65 51 49, April–Juni, Sept./Okt. Mi–Sa, Mo 9.30–12 und 14–17.30, Juli/Aug. Mi–Sa, Mo 9.30–12 und 15.30–19 Uhr, Nov.–März nach Vereinbarung
Eintritt € 2,50, bis 18 J. und Studenten frei
Auf einer kleinen Anhöhe am Meer liegt die von den Griechen im 4. Jh. v. Chr. gegründete Seehandels- und Festungsstadt Olbia, die einzig erhaltene Stätte ihrer Art an der Mittelmeerküste. Römische und griechische Spuren wie Thermen, Kultstätten und Wohnhäuser können von Besuchern erkundet werden.

Îles d'Hyères

Îles d'Hyères

Die ❶ **Île de Porquerolles** ist die größte der drei Inseln, hier gibt es Hotels, Restaurants und Geschäfte. Sie misst sieben Kilometer in der Breite und 2,5 Kilometer in der Länge. Das Eiland präsentiert sich mit großen Kiefernwäldern und Eukalyptusbäumen und einer wilden Küste. Man erkundet die Insel am besten zu Fuß oder mit dem Rad, es gibt ein 50 Kilometer langes Wegenetz und am Hafen mehrere Fahrradverleih-Stationen. Zum ausgiebigen Baden feine, helle Strände und glasklares Wasser ein. Man kann die um 1850 erbaute Militärkirche besuchen, sich eine interessante Ausstellung über die Geschichte der Insel im Fort Ste-Agathe aus dem 16. Jahrhundert ansehen (tägl. Mai–Sept. 10–12 und 14–18 Uhr) oder durch den reizvoll angelegten **Jardin Emmanuel Lopez** flanieren und ein bisschen relaxen (tägl. April–Okt. 9.30–12.30 und 14–18 Uhr).

G3/4

Mit vier mal 2,5 Kilometern ist die **Île de Port-Cros** die kleinste der drei Inseln, aber zugleich die bergreichste und wildeste. 194 Meter ist der Mont Vinaigre hoch, und der kleine Hauptort wirkt wie ein Freibeuternest. An der Küste ragen fast überall Klippen steil in die Höhe. Sonnenhungrige und Wasserratten haben die Wahl zwischen drei kleinen Stränden: Port Man, La Palud und Plage du Sud. 1963 wurde Port-Cros Europas erster Nationalpark mit einer maritimen Zone. Vor dem Strand von La Palud können Taucher auf einem ausgeschilderten Lehrpfad die faszinierende Unterwasserwelt erkunden. Wer lieber an Land bleibt, lernt die Insel am besten auf den ausgeschilderten Wanderwegen kennen, die herrliche Ausblicke bieten.

G4

Die **Île du Levant** steht im Zeichen der Freikörperkultur.

G4

🍷 Domaine de la Courtade
Île de Porquerolles
✆ 04 94 58 31 44, www.lacourtade.com
Produziert Côtes-de-Provence AOC rosé, rot, weiß.

G3

🍷 Domaine de l'Île
Île de Porquerolles
✆ 04 98 04 62 30, www.domainedelile.com
Die Côté-de-Provence-Weine des Familienweinguts (seit 1910) gibt es im Ort zu kaufen.

G3

🤿 Porquerolles plongée
Zone Artisanale n°7, Île de Porquerolles
✆ 04 98 04 62 22, www.porquerolles-plongee.com
Tauchschule für Anfänger bis Fortgeschrittene.

G3

⛴ Regelmäßige **Fährverbindungen** bestehen zu allen drei Inseln.

Vista Points

Le Lavandou

Zwischen Le Lavandou – der Name leitet sich von Lavendel ab – und **Cavalière** verläuft die *Corniche des Maures*. Entlang der Küstenstraße reiht sich ein ausgezeichneter Strand an den anderen. Kein Wunder, dass der ehemals kleine Fischerhafen zum beliebten Badeort avancierte, inklusive einer touristischen Infrastruktur von Ferienwohnungen über den Yachthafen bis zur belebten Promenade. Doch erfreulicherweise sind auch einige alte Gassen erhalten geblieben.

ℹ Tourist Information
La Maison du Lavandou, Quai Gabriel Péri
83980 Le Lavandou
℡ 04 94 05 80 50, www.ot-lelavandou.fr
Mo–Sa 9–12 und 14–18.30, So 9–12 und 15–18, Mitte Juni–Mitte Sept. auch So 9–12 und 15–18 Uhr

◉ Les Fontaines
Die Dörfer der Provence rühmen sich ihrer vielen Brunnen. In Le Lavandou zieren gleich 13 Exemplare Plätze und Straßen. Jeder hat einen Namen, so wie »La Fontaine de Belle Source«, der »Brunnen der schönen Quelle« unweit der Kapelle und dem Place du Romérage.

✿ Le Domaine du Rayol
Av. des Bélges, Le Rayol Canadel
℡ 04 98 04 44 00, www.domainedurayol.org
Tägl. ab 9.30, Nov.–März bis 17.30, April–Juni, Sept./Okt. bis 18.30, Juli/Aug. bis 19.30 Uhr
Eintritt € 10,50/7,50, unter 6 J. frei

Die Corniche des Maures zwischen Le Lavandou und Cavalière

Le Lavandou · Cogolin

Das Mimosendorf Bormes-les-Mimosas nördlich von Le Lavandou

Der Besuch des Gartens mit über 400 Arten von Mittelmeerpflanzen ist ein Muss. An der Kasse ist eine kleine Broschüre erhältlich, mit der man die Gärten bestens erforschen kann.

Ausflugsziele:

◉ Bormes-les-Mimosas
www.bormeslesmimosas.com
Der zweite Teil im Namen des beliebten Ausflugsziels nördlich von Le Lavandou erinnert an die Mimosen, die im Februar überall im Dorf in voller Blütenpracht stehen. Der Duft der Blumen begleitet den Besucher beim Spaziergang durch die gemütlichen Gässchen des mittelalterlichen Zentrums und zur Kapelle St-François-de-Paul.

Mit den regelmäßig verkehrenden Fähren gelangt man auf die **Île de Port-Gros** und **Île du Levant**.

Cogolin

»*Head in the hills, feet in the water*«, damit wirbt Cogolin um Touristen. Gemeint ist, dass sich das Ortsgebiet von den Ausläufern des Massif des Maures bis an den Mittelmeerstrand hinunterzieht. Im Inland liegt das alte Dorf, am Meer **Les Marines de Cogolin**, einer der größten Yachthäfen an der Küste, und **Port Cogolin**, ein erst unlängst gebauter Hafen mit Ferienwohnungen für Segler. Bei Marines de Cogolin gibt es auch einen familienfreundlichen Strand.

Cogolin ist eine Hochburg des Kunsthandwerks. Gleich zwei Firmen liefern Mundstücke für Blasinstrumente in alle Welt. Teppichmanufakturen und Keramikwerkstätten sind hier angesiedelt, und auch eine der ältesten Pfei-

Vista Points

fenfabriken ist in Cogolin zu Hause. Auf dem kulinarischen Festkalender steht im Frühjahr die »Fête de la Cuisine« und im Herbst die »Fête au Coq«.

ℹ Tourist Information
Place de la République, 83310 Cogolin
℡ 04 94 55 01 10, www.cogolin-provence.com
Sept.–Juni Mo–Fr 9–12.30, 14–18, Sa 9.30–12.30, Juli/Aug. tägl. außer So 9–18, Do 9.30–12.30 Uhr

🏛 Demeure Musée Sellier
46, rue Nationale, Cogolin
℡ 04 94 54 63 28
Ausstellungen über die Geschichte der Templer im Var und über das Huhn, das Wappentier von Cogolin.

Pfeifen aus Cogolin

👓 Les Pipes Courrieu
58, av. G. Clemenceau, Cogolin
℡ 04 94 54 63 82, www.courrieupipes.fr
Mo–Fr 9–12 und 14–18 Uhr
Willkommen in der Pfeifenfabrik!

❷ St-Tropez

Ach, was waren das für herrliche Zeiten, als Brigitte Bardot diese mythische Stadt besang! Das ist lange her, noch länger liegt der Aufstieg von St-Tropez zum Promi-Ort zurück. Er begann Ende des 19. Jahrhunderts mit Paul Signac. Der Maler entdeckte 1892 den kleinen Fischerhafen und ließ sich hier nieder, andere Künstler folgten. Heute trifft sich in der an einer traumhaft schönen Bucht gelegenen Stadt der internationale Jetset. Die Reichen und Schönen dieser Welt stellen ihre Extravaganzen zur Schau und gehen hier auch gerne teuer shoppen. Schließlich führt beim Boutiquen-Rating der amerikanischen Mode-Bibel »WWO« St-Tropez die Top Ten der schicksten Ferienspots in Europa an, übertrumpft es doch die Konkurrenz mit rund 320 Designer- und Luxusboutiquen. Einkaufsstraßen sind z. B. die **Rue Clemenceau** und die **Rue Gambetta**. Am Hauptplatz, dem **Place des Lices**, heißt es in den zahlreichen Cafés »Sehen und Gesehen werden«. Wöchentlich stehen dort auch die Stände des bunten Wochenmarkts. Trotz allem ist St-Tropez ein charmanter Ort, fürs gemütliche Sightseeing sollte man allerdings frühmorgens dort sein.

Wer lieber durch Kultur und Geschichte bummelt, kann einen ausgedehnten Rundgang durch St-Tropez unternehmen. Da wären der **alte Hafen** mit der unübersehbaren Bronzestatue von Pierre-André de Suffren und nicht weit entfernt, direkt am Touristenbüro, die mit Mosaiken und Marmorplatten verzierte **Porte de la Poissonnerie**, das Tor zur Altstadt. Über der Stadt wacht die **Zitadelle**. Der Weg hinauf lohnt, da von dort das Massif des Maures wunderbar zu erkennen ist.

St-Tropez

Einige Kilometer südlich von St-Tropez liegen die berühmten Badestände der **Baie de Pampelonne**, die schon zum Ortsgebiet von Ramatuelle gehören. Die Strände sind gespickt mit noblen Beach Clubs, die schon mit ihrem Namen polynesisches Flair verbreiten: Tiki Beach, Moorea Plage, Pago Pago, Tahiti oder Bora Bora. **Ramatuelle** liegt eingebettet in Weinberge inmitten der Halbinsel St-Tropez rund fünf Kilometer von der Küste entfernt. Enge Gassen und alte, blumengeschmückte Häuser bestimmen das Aussehen dieses typischen Provence-Dorfes. Sehr malerisch ist auch das benachbarte **Gassin**.

ℹ Tourist Information
– Quai Jean-Jaurès, 83990 St-Tropez
✆ 08 92 68 48 28, www.ot-saint-tropez.com, www.saint-tropez.fr, Jan.–März, Okt. (nach Voiles de St-Tropez)–Dez. 9.30–12.30, 14–18, April–Juni, Sept./Okt. (bis Voiles de St-Tropez) 9.30–12.30, 14–19 Uhr
– Place de l'Ormeau, 83350 Ramatuelle
✆ 04 98 12 64 00, Hauptsaison Mo–Fr 9–13, 14.30–19, Sa/So/Fei 10–13, 15–19, Mittelsaison Mo–Fr 9–12.30, 14–18.30, Di ab 10, Sa, Fei 9–13, 15–18.30, Nebensaison Mo–Fr 9–12.30, 14–18, Di ab 10 Uhr

🏛 Musée de l'Annonciade
Quai de l'Epi, St-Tropez
✆ 04 94 17 84 10, tägl. außer Di 10–13 und 14–18 Uhr, Nov. geschl., Eintritt € 6
Erbaut 1568 als Kapelle, zwischenzeitlich als Segelschneiderei, Schule und Tanzhaus genutzt, ist das Haus heute ein Museum für französische Malerei vom Ende des

Kunstmarkt am Hafen von St-Tropez

Vista Points

19. bis Mitte des 20. Jh. Das Museum erinnert daran, das St-Tropez einst Hochburg der Pointillismus-Maler war. Die Vertreter dieser Spätform des Impressionismus setzten Farbtupfen unverbunden nebeneinander. Aufgebaut wurde das Museum von dem Fabrikanten und Kunstliebhaber Georges Grammont. Er finanzierte den Umbau der alten Kapelle am Hafen und stellte einige Bilder seiner Privatsammlung zur Verfügung.

🏛 ◉ Zitadelle/Musée Naval de la Citadelle
21, rue de la Citadelle, St-Tropez
℡ 04 94 54 84 14, tägl. April–Sept. 10–18.30, Okt.–März 10–12.30 und 13.20–17.30 Uhr, Eintritt € 3
1589 erbaut, befindet sich heute das Seefahrtsmuseum in der Zitadelle. Atemberaubende Aussicht auf St-Tropez und die Bucht.

✕ ⛱ Club 55
43, bd. Patch, Ramatuelle
℡ 04 94 55 55 55, www.club55.fr, nur mittags
In dem exklusiven Strandrestaurant lässt es sich auch die Hollywood-Prominenz gern gut gehen. Eine Legende. €€€

✕ 🛏 Le Belrose
Im Hotel Villa Belrose
Bd. des Cretes La Grande Bastide, Gassin
℡ 04 94 55 97 97, www.villa-belrose.com
Die mediterrane Küche von Sternekoch Thierry Thiercelin sollte man sich nicht entgehen lassen, zumal man von der Terrasse den schönsten Blick auf St-Tropez hat. €€€

✕ 🛏 Rivea at Byblos
27, av. Foch, St-Tropez
℡ 04 94 56 68 20, www.alain-ducasse.com/en/restaurant rivea, Mitte April–Okt. So–Do 20–23.30, Fr/Sa 20–0.30 Uhr
Kochpapst Alain Dusasse zelebriert im Hotel Byblos die mediterrane Küche auf höchstem Niveau. €€€

Frische Barben aus dem Mittelmeer

✕ La Table du Marché
11, rue des Commerçants, St-Tropez
℡ 04 94 97 91 91
www.christophe-leroy.com
Christophe Leroy ist bekannt wie ein bunter Hund und mit seinen Restaurants in jedem guten Reiseführer zu finden – zu Recht. €€

✕ Sénéquier, Café de Paris und Le Gorille
Am Hafen, St-Tropez
Die drei konkurrieren seit Jahrzehnten um die Gunst der Promis und Touristen. Das Sénéquier hat die schönen quietschroten Stühle, das Café de Paris kein so schlechtes Sushi und Le Gorille zumindest früher Brigitte Bardot. €€

St-Tropez

In Hafennähe: das Café Sénéquier in St-Tropez

🍸🎵 Vip Room
Résidence du nouveau Port St-Tropez
✆ 06 38 83 83 83, www.viproom.fr
Im Sommer tägl. 19–5 Uhr, im Winter nur Fr/Sa
Von außen unscheinbar, ist der Club dennoch einer der Dauerbrenner im Nachtleben von St-Tropez.

westl. eB1

👜 Blanc Bleu
1, rue du Gal. Allard, St-Tropez
✆ 04 94 97 08 01, www.blancbleu.fr
Wie auch sonst in den Blanc-Bleu-Shops: blau-weiße und andersfarbige schicke Klamotten für den Bootstrip.

eC1

👜 Barbarac
2, rue du Général Allard, St.-Tropez
✆ 04 94 97 67 83, http://barbarac.fr
Cremiges Karamell-, Pecannuss-, Zitronentarte- oder Macaroneis, Cassis- oder Himbeersorbet gefällig?

eC1

👜 La Pause Douceur
11, rue du Gal. Allard und 21, rue Gambetta, St-Tropez
✆ 04 94 97 27 58
Der Name ist Programm: Hier kann man sich für süße Schoko-Pausen eindecken.

eC1

👜 Poterie Augier
19, rue Georges Clemenceau, St-Tropez, ✆ 04 94 97 12 55
Kein schlechtes Souvenir: Töpferwaren aus St-Tropez.

eC2

👜 Di und Sa vormittags ist **provenzalischer Markt** auf dem Place des Lices.

eD2/3

🎉 Alljährlich Mitte Mai (16.–18.) steht in St-Tropez die **Bravade** an, dann wird die glorreiche Vergangenheit des Hafens gefeiert, der lange für den Schutz des Golfs vor Eindringlingen eine Rolle spielte. Am 15. Juni wird an den

Vista Points

Paul Signac: »Der Hafen von St-Tropez« (1899, Musée de L'Annonciade, St-Tropez)

Sieg über die spanische Flotte anno 1637 erinnert. Der **Voiles de St-Tropez** Ende Sept./Anf. Okt. ist ein großartiges Segelfestival mit prächtigen Booten.

Grimaud/Port Grimaud

Besser bekannt als das fünf Kilometer von der Küste entfernt gelegene mittelalterliche Dorf unterhalb einer verfallenen Burg ist seine Stranddependance **Port Grimaud**. Die »Klein-Venedig« oder »Venedig der Provence« genannte Feriensiedlung wurde in den 1960er Jahren an einem schönen Sandstrand erbaut, wobei der Architekt sich bemühte, provenzalische Bautradition etwa bei der Dorfkirche, aber auch bei den Ferienhäusern einfließen zu lassen. Durchzogen ist der Ort von zahlreichen Kanälen – was Bootsbesitzern einen Liegeplatz praktisch vor der Tür garantiert –, an denen man abends an den Tischen der Restaurants und Cafés sitzt. Obwohl der am Reißbrett entworfene Urlaubsort inzwischen in die Jahre gekommen ist, hat er von seinem Charme nichts eingebüßt.

Das alte **Grimaud** ist ein süßer, verwinkelter Ort, durch den Touristen gerne schlendern. Auf dem Weg nach oben kann man die Ausstellungen zahlreicher Galerien bewundern. Nach vielen steilen Treppen erreicht man das Château, das den Ort bewacht. Das *Castrum* (Festung) wurde erstmals im 11. Jahrhundert erwähnt, das Schloss im 15. Jahrhundert. Von der Anlage, die in den Religionskriegen zerstört wurde, sind heute noch beide Türme zu sehen. Gratis und phänomenal ist der Ausblick.

ℹ Tourist Information
Route National 679, 83310 Grimaud
☏ 04 94 55 43 83, www.grimaud-provence.com
Okt.–März Mo–Sa 9–12.30 und 14–17.30, April–Juni, Sept. Mo–Sa 9–12.30 und 14–18, Juli/Aug. Mo–Sa 9–12.30 und 14.30–19, So 9.30–12.30 Uhr

🏛 Musée municipal des Arts et Traditions populaires
An der RD 558, Ecke Montée de l'Hospice, Grimaud
☏ 04 94 43 39 29
Mai–Sept. Mo–Sa 14.30–18 (Juli/Aug. Mo geschl.), Okt.–April Mo–Sa 14–17.30, So 14–17 Uhr, Eintritt frei
Hübsches Heimatkundemuseum in einer alten Olivenölmühle und Korkenfabrik mit allerlei häuslichen und landwirtschaftlichen Gerätschaften.

✕ Le Coteau Fleuri
Place de Pénitents, Grimaud
☏ 04 94 43 20 17, Lunch/Dinner
Gehobene mediterrane Küche auf einer Terrasse mit Aussicht. €€€

Grimaud · Port Grimaud · Ste-Maxime

ⓧ Les Santons
RD 558, Grimaud
℡ 04 94 43 21 02, Lunch/Dinner, Mo, Mi mittags geschl.
Hochdekorierte provenzalische Küche, z. B. Lamm aus Sisteron und Trüffel aus dem Haute-Var. €€€

ⓧ La Cousteline
Plaine de Grimaud, Route de Saint-Pons-les-Mures à Grimaud, Grimaud
℡ 05 94 43 29 47, Lunch/Dinner, Juli/Aug. nur abends
Auf der großen Terrasse kann man provenzalische Gerichte genießen. €€

ⓧ L'ecurie de la Marquise
3, rue Gacharel, Grimaud
℡ 04 94 43 27 26, Lunch/Dinner
Sympathisches Restaurant mit regionaler Küche. €€

Ste-Maxime

Im Golf von St-Tropez liegt der beliebte Ferienort, der im Gegensatz zu den bekannteren Hot Spots an der Côte d'Azur Urlaub in einer etwas ruhigeren Umgebung und in entspannter Atmosphäre bietet. Auf Sonnenanbeter und Wassersportler warten mehr als zehn Kilometer Sandstrände mit zahlreichen Beach Clubs, Restaurants, Bars und Cafés. Hier lässt sich das Savoire-vivre bestens genießen. Einen Besuch lohnen auch die farbenfrohe Markthalle, in der die besten Produkte der Provence angeboten werden, sowie der botanische Garten.

ℹ Tourist Information
1, promenade Aymeric Simon Lorière
83120 Ste-Maxime, ℡ 08 26 20 83 83
www.sainte-maxime.com, Okt.-März Mo–Sa 9–12 und 14–18, April–Juni, Sept. tägl. 9–12.30 und 14–18.30, Juli/Aug. tägl. 9–13 und 15–19 Uhr

👁 Le Marché Couvert
Rue Fernand Bessy, Ste-Maxime
Juli/Aug. tägl. 8–13, 16.30–20, Juni–Mitte Sept. tägl. 8–13, Mitte Sept.–Mai tägl. außer Mo 8–13 Uhr
Typische Markthalle mit den Genüssen der Provence.

✿ Parc Botanique des Myrtes
An der D25, oberhalb von Ste-Maxime, ℡ 04 94 96 64 85, tägl. April–Sept. 8–20, Okt.–März 8–17 Uhr
Eintritt frei
Schöner mediterraner Park mit Blick auf den Golf von St-Tropez.

Mit Elektrobooten die Kanäle von Port Grimaud erkunden

⊠ Restaurant Saint-Barth
61, av. du Général Touzet du Vigier, Plage de la Nartelle, Ste-Maxime
✆ 04 94 96 22 73, www.saint-barth-plage.com
Schickes Strandrestaurant mit eigenem Pool, Bar und guter Fischküche. €€–€€€

⊠ ♪ Mahi
53, av. du Général Touzet du Vigier, Plage de la Nartelle, Ste-Maxime
✆ 04 94 96 25 57, www.mahiplage.fr
Ganzjährig geöffnetes Restaurant am Strand mit provenzalischer Küche, aber auch Sushi. In der Hochsaison Livemusik. €€

Roquebrune-sur-Argens/Les Issambres
Roquebrune-sur-Argens blickt auf eine 1000-jährige Geschichte zurück. Das Dorf erhebt sich auf einem Fels am Ufer der Argens. Etwas weiter südlich an der Küste liegt der dazugehörige Badeort Les Issambres, der mit acht Kilometern Stränden und Buchten lockt.

ℹ Tourist Information
12, av. Gabriel Péri, 83520 Roquebrune-sur-Argens
✆ 04 94 19 89 89, www.roquebrune.com, www.paysmeresterel.com, Juli/Aug. Mo–Sa 9–12.30, 14.30–18.30, So/Fei 9–13, Sept.–Aug. 9–12.30, 14.30–18, Do ab 10.30 Uhr (außer im Juni u. Sept.)

⊙ 🛍 La Maison du Chocolat
Rue de l'Hospice, Roquebrune-sur-Argens
✆ 04 94 45 42 65
www.maisonchocolat-roquebrune.com
Feb.–Juni, Sept.–Dez. Di–Sa 10–12 und 14.30–17.30, Juli/Aug. Mo–Sa 10–12.30 und 15–18.30, So 10–13 Uhr
1200 Schokoprodukte, Bücher, Bilder und Gefäße stellt Schokoladenmeister Gérard Courreau her. Hier kann man sich mit Schokoladenvorräten eindecken.

Fréjus
Das »Pompeji der Provence« ist römischen Ursprungs. Erbaut auf einem Felsplateau, beherrschte die Siedlung Forum Juli die Ebene von Argens und besaß an der Via Aurelia gelegen eine wichtige militär- und handelsstrategische Bedeutung als Umschlagplatz und Kriegshafen. Die Römer hinterließen ihre Spuren mit dem **Amphitheater**, in dem bis heute Kultur- und Sportevents stattfinden, oder dem **Aquädukt**, von dem noch ein paar eindrucksvolle Überreste im Parc Aurélien stehen. Auch die **Porte d'Orée** oder das **römische Theater**, in dessen Ruine in lauen Sommernächten während der *Nuits Auréliennes* Theater gespielt wird, gehören zum römischen Erbe.

Ste-Maxime · Roquebrune-sur-Argens/Les Issambres · Fréjus

Von Fréjus ist es nicht weit in das Massif de l'Estérel mit seinen roten Porphyrfelsen

Im Jahr 370 wurde Fréjus schließlich zum Bischofssitz erklärt. **Kathedrale, Taufkapelle** – eines der ältesten Bauwerke Galliens – und **Kreuzgang** erinnern unübersehbar im Zentrum der Altstadt daran. Enge Gassen, pastellfarbene Fassaden, Luxusstadtvillen, rauschende Brunnen und schattige Plätze machen den Charme der historischen Altstadt aus. 29 denkmalgeschützte Bauten gibt es in der Stadt. Aber auch Neues: So wurde 1989 im Stil der Badeorte zu Beginn des 20. Jahrhunderts der Hafen **Port Fréjus** erbaut. Langfristiges Ziel ist es, den neuen Hafen mit der historischen Altstadt zu verbinden und den zwischenzeitlich zugeschütteten antiken römischen Hafen wieder unter Wasser zu setzen. Im Süden des Zentrums machen die großen **Strände von St-Aygulf** und **Port Fréjus** die Stadt auch für einen Badeaufenthalt interessant.

D/E 5/6

ℹ️ Tourist Information
249, rue Jean Jaurès, 83600 Fréjus
✆ 04 94 51 83 83, www.frejus.fr, Okt.–Mai Mo–Sa 9.30–12, 14–18, Juni, Sept. Mo–Sa 9.30–12.30, 14.30–18.30, Juli/Aug. tägl. 9.30–12.30, 14.30–18.30 Uhr
Hier ist auch der **Fréjus Pass Monuments historiques** (7 Tage € 4,60, unter 12 J. frei) erhältlich, der ermäßigten Eintritt in historische Gemäuer und Museen gewährt.

D6

🏛 Musée Archéologique
Place Calvini, Fréjus
✆ 04 94 52 15 78, April–Sept. Di–So 9.30–12.30 und 14–18, sonst Di–So 9.30–12.30 und 14–17 Uhr
Fundstücke der gallisch-römischen Stadtgeschichte, darunter das Wahrzeichen von Fréjus, ein doppelgesichtiger Hermes aus weißem Marmor (1. Jh.).

🏛 Musée d'Histoire Locale et des Traditions
153, rue Jean Jaurès, Fréjus
✆ 04 94 51 64 01, April–Sept. Di–So 9.30–12.30 und 14–18, sonst Di–So 9.30–12.30 und 14–17 Uhr
Lokalgeschichte in einem alten Bürgerhaus.

Vista Points

D5/6

👁 Amphithéâtre
Rue Henri Vadon, Fréjus
✆ 04 94 51 34 31, April–Sept. Di–So 9.30–12.30 und 14–18, sonst Di–So 9.30–12.30 und 14–17 Uhr
Eines der ältesten Amphitheater (1. Jh.) im alten Gallien.

D6

👁 Aqueduc
An der Av. du XVe Corps und im Parc de la Ville Aurélienne, Fréjus
Der Aquädukt leitete einst Flusswasser 40 km weit bis zum höchsten Punkt in Fréjus. Überreste befinden sich im Parc Aurélien mit der Villa Aurélienne. In dem im italienischen Renaissance-Stil renovierten Landsitz finden u. a. Fotoausstellungen statt.

D6

👁 Chapelle Cocteau
Route de Cannes, Fréjus
✆ 04 94 53 27 06, April–Sept. Di–So 9.30–12.30 und 14–18, sonst Di–So 9.30–12.30 und 14–17 Uhr
Von Jean Cocteau entworfen wurde der Bau 1965 von Edouard Dermit vollendet.

D6

👁 Cloître et Baptistère de la Cathédrale
58, rue de Fleury, Fréjus, ✆ 04 94 51 26 30
www.cathedrale-frejus.monuments-nationaux.fr
April–Sept. Di–So 9.30–12.30 und 14–18, sonst Di–So 9.30–12.30 und 14–17 Uhr, Eintritt € 5,50, Kinder frei
Mittelalterliche Gebäude umgeben die Bischofsanlage (11.–14. Jh.). Die Kathedrale, die Taufkapelle aus dem 5. Jh. und der Kreuzgang stehen dort, wo Julius Caesar 49 v. Chr. die antike Stadt gründete.

D6

👁 Théâtre Romain
Av. du Théâtre Romain, Fréjus
✆ 04 94 53 58 75, April–Sept. Di–So 9.30–12.30 und 14–18, sonst Di–So 9.30–12.30 und 14–17 Uhr
Bühnen- und Mauerringreste vom römischen Theater.

D6

✖ L'Amandier
19, rue Desaugiers, Fréjus
✆ 04 94 53 48 77, www.restaurant-lamandier.com
So, Mo mittags, Mi mittags geschl.
Mehrfach ausgezeichnetes Restaurant mit kreativer, frischer Küche. €€–€€€

D5

🍷 Chateau du Rouët
An der D 47, Le Muy

Corniche d'Or

Von Fréjus führt eine der schönsten Küstenstraßen, die **Corniche d'Or**, nach Norden in Richtung Cannes. Am Weg steht die letzte von Jean Cocteau entworfene Kapelle, die Chapelle Notre-Dame-de-Jérusalem, auch Chapelle Cocteau genannt.

Fréjus · St-Raphaël

✆ 04 94 99 21 10, www.chateau-du-rouet.com
Interessantes Weingut mit Côtes-de-Provence-Weinen im Hinterland von Fréjus, Übernachtungsmöglichkeit.

Eines der weltweit wichtigsten Mountainbike-Rennen, das **Roc d'Azur**, wird im Oktober auf dem Freizeitgelände Base Nature gestartet (70, 120 und 140 km). Infos: www.rocazur.com

Am dritten Sonntag nach Ostern wird in der Altstadt die **Bravade** (Prozession, Spektakel) zu Ehren des Schutzheiligen der Stadt, François de Paule, gefeiert.

Ausflugziele:

Das Hinterland, Pays de Fayence, bietet mittelalterliche Dörfer, die hoch oben am Fels zu kleben scheinen. Beim Bummel durch **Mons** fallen die *pontis* auf, Brücken, die die erste Etage der Häuser miteinander verbinden.

Seillans Gebäude erstrahlen in allen Ockerschattierungen. Zum Schloss und zur alten Stadtbefestigung führen feldsteingepflasterte Gassen, sehenswert ist die Kapelle Notre-Dame de l'Ormeau. Von Fréjus, von der Pointe l'Arpillon, wandert man in 3 Std. zum Hafen von St-Aygulf, in die andere Richtung geht es vom Hafen von St-Raphaël nach Agay.

36 km Küste und über 30 Strände hat St-Raphaël zu bieten. Vom Port Santa Lucia bis zum Strand von La Baumette führt ein 8,5 km langer **Wanderweg**. Der Leuchtturm von La Baumette ist nach ca. 2,5 Std. erreicht, retour nach St-Raphaël kann man den Bus (Linie 8, Haltestellen entlang des Spazierwegs) oder den Zug nehmen.

St-Raphaël   D6

Bis Ende des 19. Jahrhunderts war St-Raphaël ein einfaches Fischerdorf. Nach 1864, mit dem Anschluss an die Eisenbahn, entwickelte es sich langsam zum aufsteigenden Badeort. In der Vergangenheit besuchten Victor Hugo, Alexandre Dumas und Guy de Maupassant St-Raphaël. Neben einem alten Hafen gibt es ein mittelalterliches Zentrum mit engen Gassen und der romanischen **Église des Templiers**. Im 20. Jahrhundert wandelte sich die Stadt, in der heute rund 30 000 Menschen leben, immer stärker zu einem mondänen Badeort. Inzwischen hat sie Fréjus als Urlaubsdestination ein wenig den Rang abgelaufen. Natürlich bietet St-Raphaël das komplette

Der Vieux Port, der alte Fischereihafen in St-Raphaël

Vista Points

Erdbeerbaum mit seinen roten kugeligen Früchten

Angebot eines internationalen Touristenortes. Größtenteils machen Franzosen hier Urlaub. Über 30 Strände, z. B. in der Bucht von **Agay**, reichlich Liegeplätze für Yachten, eine quirlige Promenade, gute Sport- und Wassersportmöglichkeiten sowie ein lebhaftes Nachtleben lassen in St-Raphaël keine Langeweile aufkommen.

Tourist Information
Quai Albert 1er, 83702 St-Raphaël
04 94 19 52 52, www.saint-raphael.com
Sept.–Juni Mo–Sa 9–12.30, 14–18.30, Juli/Aug. tägl. 9–19 Uhr
Führungen durch St-Raphaël: vom mittelalterlichen Fischerdorf zur eleganten Belle-Époque-Seeresidenz. Außerdem weitere Thementouren.

Musée archéologique de St-Raphaël
Parvis de la vieille église, St-Raphaël
04 94 19 25 45, Di–Sa 9–12, 14–18 Uhr, Eintritt frei
In einem historischen Altstadtgebäude und einer sehenswerten mittelalterlichen Kirche untergebrachtes Museum mit prähistorischen Funden, Stücken aus gallisch-romanischer Zeit und einer stattlichen Sammlung antiker Amphoren. Zudem wechselnde Ausstellungen.

⊠ Elly's
54, rue de la Liberté, St-Raphaël
04 94 83 63 39, www.elly-s.com
Tägl. geöffnet, bis auf Veranstaltungen
In dem mit viel Liebe zum Detail eingerichteten Lokal präsentiert Franck Chabod seine moderne, kreative Küche. €€–€€€

⊠ La Brasserie Tradition et Gourmandise
6, av. de Valescure, St-Raphaël
04 94 95 25 00, www.labrasserietg.fr
So abends, Mo und Mi abends geschl.
Empfehlenswertes Spitzenrestaurant mit saisonaler Küche in einem provenzalischen Ambiente (Menüs € 26–55). €€–€€€

⊠ Le Pili Pili
Port Santa Lucia, St-Raphaël
04 94 83 82 49, http://pilipili.eresto.net
Mi mittags, Di geschl.
Farbenfrohes Restaurant mit einem Faible für Fisch und Carpaccio. €€–€€€

Märkte
Wochenmarkt Mi morgens am Place Gianetti. Im Juli und August findet abends an der Promenade R. Coty der Nachtmarkt statt.

St-Raphaël · Cannes

 Im Juli/August finden das Theaterfestival **Les Nuits Auréliennes** im Théâtre Romain und **Les Nuits de Port-Fréjus** mit Feuerwerk statt, im Oktober steigt das Drachenfestival **Festival International de l'Air**.

Ausflugsziele:

Segelflugzentrum Fayence-Tourettes
Fayence
℡ 04 94 76 00 68, www.aapca.net
Im Hinterland von St-Raphaël liegt beim hübschen Dorf Fayence der wohl größte Segelflugplatz Europas. Auch Kurse.

Golfplatz Cap Estérel
℡ 04 94 82 55 00
Golfer zieht es hierher, weil die Spielbahnen einen wunderbaren Blick auf die Bucht von Sagay bieten.

Cannes

Die Stadt der Stars und der Internationalen Filmfestspiele ist einmal im Jahr groß in den Medien, wenn weltbekannte Film- und Showgrößen ebenso wie leicht bekleidete Models auf dem roten Teppich posieren. Weniger bekannt ist, dass Cannes auch das Winter-Rentnerparadies der Pariser ist. Für den Aufschwung in Cannes ist in erster Linie Lord Brougham verantwortlich. Anno 1834 wollte er eigentlich nach Nizza, das war aber wegen einer Cholera-Epidemie unmöglich. So hielt er in einem Fischerdorf an: Cannes. Seinem Beispiel folgten später viele englische Aristokraten, russische Prinzessinnen, Maler und Schriftsteller.

Der alte Hafen von Cannes mit Blick auf die Altstadt Le Suquet

Vista Points

aB4–aE7

Einen Großteil seiner Popularität verdankte Cannes aber auch seiner bevorzugten Lage an der weiten, offenen Bucht mit den beiden Lérins-Inseln, die von der Spitze des alten Hafens mit Fähren zu erreichen sind. Parallel zur Bucht verläuft die Prachtmeile ❸ **La Croisette**, Bummelboulevard für Bus- wie Yachttouristen, die alle etwas vom Glanz und Glamour abbekommen möchten. An der Promenade finden sich Luxushotels wie das Carlton und das Hilton Noga, Edelboutiquen von Chanel bis Cartier und Nobelrestaurants. Am schmalen Strandabschnitt davor sind die Beach Clubs Treffpunkt der betuchten Klientel. Die meisten gehören zu den Hotels, öffentlicher Strandraum ist knapp und am ehesten am Ende der Bucht zu finden.

Die Croisette entlang, vorbei am **Palais des Festivals** mit der Tourist Information gelangt man zum **Vieux Port**, dem alten Hafen. Oberhalb erstreckt sich den Hügel hinauf die **Altstadt Le Suquet** mit einigen netten Ecken. So lohnt beim Weg vom **Musée de la Castre** und **Notre-Dame de l'Espérance** hinab zum alten Hafen ein Umweg über die **Rue Meynadier** und den **Markt Forville** (Di–So 7–13 Uhr).

aB4

ℹ️ Tourist Information
Palais des Festivals, La Croisette, 06400 Cannes
✆ 04 92 99 84 22
www.cannes.fr
Tägl. 9–19, Juli/Aug. bis 20 Uhr
Mi und So (sofern keine Veranstaltungen) bietet das Infobüro Führungen durch den Palais des Festivals.

aB5

🏛 Centre d'Art La Malmaison
47, La Croisette, Cannes
✆ 04 97 06 44 90
Juli/Aug. tägl. 11–20, Okt.–April tägl. außer Mo 10–13 und 14–18 Uhr, Mai/Juni geschl.
Eintritt € 3,50
Einst gehörte die klassizistische Villa zum Grand Hôtel, heute zeigt das Musée d'Art Moderne im Erdgeschoss wechselnde Ausstellungen.

Kunstmarkt auf dem Boulevard de la Croisette (Cannes)

🏛 Chapelle Bellini
Parc Fiorentina, 67 bis, av. de Vallauris, Cannes
✆ 04 93 38 61 80, Mo–Fr 14–17 Uhr, Eintritt frei
Der Maler Emmanuel Bellini hatte sich ein besonderes Atelier zugelegt, eine Kapelle. Heute ist sie Museum und zeigt seine Karikaturen und Zeichnungen.

nördl. aA6

🏛 Musée de la Castre
Le Suquet, Cannes
✆ 04 93 38 55 26, April–Juni, Sept. tägl. außer Mo 10–13 und 14–18, Juli/Aug. tägl. 10–19, Mi bis 21, Okt.–März tägl. außer Mo 10–13 und 14–17 Uhr, Eintritt € 6/3, Nov.–März bis 18 J. und Studenten jeden 1. So im Monat Eintritt frei
In der Halbruine eines mittelalterlichen Schlosses werden kulturgeschichtliche Exponate aus aller Welt, provenzalische Malerei aus dem 19. Jh. und lokale Kunst gezeigt. Ein Kunstwerk für sich: der Blick von hier oben auf die Stadt.

aB3

❌ La Palme d'Or
Im Hotel Martinez, 73, La Croisette, Cannes
✆ 04 92 98 74 14, www.cannesmartinez.grand.hyatt.com
Mi–Sa 12.30–14 und 20–22 Uhr
Zwei Michelin-Sterne und 17 Gault-Millau-Punkte kann das Gourmetrestaurant an der Croisette vorweisen. Mit etwas Glück trifft man vielleicht auch einen Star. €€€

aC6

❌ Aux Bon Enfants
80, rue Meynadier, Cannes
✆ 618 81 37 47, http://aux-bons-enfants.com
So/Mo geschl. außer in den Schulferien
Beliebtes Restaurant mit traditioneller, französischer und speziell provenzalischer Küche wie Artischocken-Terrine oder Hase in Rosmarin. €€

aB3

❌ Lemonot
12, rue Hélène Vagliano, Cannes
✆ 04 93 99 16 38, www.lemonot.fr
Mo–Do 10–20, Fr/Sa 10–23 Uhr
Libanesische Küche in schönem, farbenfrohem Interieur. €€

aB4

❌ Mehrere preisgünstige Cafés und Restaurants und einen Irish Pub gibt es am Anfang der Croisette, an der westlichen Seite des Hafens am **Quai St-Pierre**.

aB/aC3

🍴 Lenôtre
63, rue d'Antibes, Cannes
✆ 04 97 06 67 67, tägl. außer So 9–19 Uhr
Der französische Top-Bäcker hat auch ein Café und einen Gourmetshop in Cannes.

aB5

🍴 La Maison du Chocolat
87–89, rue d'Antibes, Cannes
✆ 04 93 94 44 70, tägl. 10–19.30 Uhr
Ein Haus voller Schokolade, von zart bis bitter.

aB5

Vista Points

🍴 Atelier Jean Luc Pelé
42, rue d'Antibes, Cannes
☏ 04 93 38 06 10, tägl. 9–19.30 Uhr
Alleine die süßen und salzigen Maccarons von Jean Luc Pelé sind einen Besuch wert. Insgesamt gibt es drei seiner Schoko-Ateliers in Cannes sowie ein Restaurant (**La Table Jean Luc Pelé**, 3, rue du 24 août).

🎭 **Internationales Filmfestival** alljährlich im Mai.

Ausflugsziele:

Le Cannet
Cannes geht in das höher gelegene Le Cannet über. Letzteres liegt in einer von Pinien, Oliven-, Orangen- und Eukalyptusbäumen bewachsenen Hügellandschaft 200 m über dem Meer und besitzt ein besonders angenehmes Klima. Der Blick auf Cannes und die Îles de Lérins ist einfach wunderbar. In der hübschen Altstadt führen Treppen und Gassen zu schattigen Plätzen.

Ein Muss ist der Besuch der farbenfrohen **Chapelle St-Sauveur**, die der Chagall-Schüler Thé Tobiasse Ende der 1980er Jahre ausgemalt hat. Von den 1920er Jahren bis zu seinem Tod 1947 lebte und arbeitete der Post-Impressionist Pierre Bonnard in der Villa Le Bosquet. Seine Motive fand er in seiner Umgebung. Er ruht auf dem Friedhof Notre-Dame-des-Anges.

ℹ️ Tourist Information
4, place Benidorm 06110 Le Cannet
☏ 04 93 45 34 27, www.lecannet-tourisme.fr
Juli–Sept. Mo–Sa 10.30–18, Okt.–Juni Mo–Fr 10–17.30 Uhr

👁 Chapelle St-Sauveur
74, rue St-Sauveur, Le Cannet
☏ 04 93 46 74 00
Mai–Sept. Do–So 12.30–20, Okt.–April Do–So 10.30–18 Uhr, Eintritt frei
Der Chagall-Schüler Thé Tobiasse hat die alte Kapelle Ende der 1980er Jahre in kräftigen Farben ausgemalt.

🎭 Im Februar feiert Le Cannet ein **Olivenfestival**. Im September findet in Mougins ein kulinarisches Fest statt: **Les Etoiles de Mougins**.

Bergdorf mit provenzalischem Charme: Mougins

Mougins
Ein hübsches altes Dorf in den Bergen hinter Cannes: Es hat wie Le Cannet über die Jahre immer wieder zahlreiche Künstler angelockt, die sich von seinem Charme inspirieren ließen. So

Cannes · Îles de Lérins

kam Picasso von 1961 bis zu seinem Tod 1973 hierher – Porträts von ihm findet man im **Musée de la Photographie**. Weitere Künstler waren z. B. Man Ray und Fernand Léger. Heute begeistert es vor allem Briten – viele haben sich in der Umgebung einen Zweitwohnsitz zugelegt.

ℹ **Tourist Information**
39, place des Patriotes, 06250 Mougins
℡ 04 93 75 87 67, www.mougins.fr
Okt.–Mai Mo–Fr 9–17, Sa 9–12.30, 13–17, Mai Mo–Fr 9–18, Sa 9.30–12.30, 13–18, Juli/Aug. tägl 9–21 Uhr

🏛 **Musée d'Art Classique de Mougins**
32, rue Commandeur, Mougins
℡ 04 93 75 18 65, www.mouginsmusee.com
Tägl. 10–18, Sommer 10–20 Uhr, Eintritt € 12/5
Bilder und Skulpturen von der Renaissance bis heute sowie Funde aus der Region. Zudem gibt es Galerien mit ägyptischer, griechischer, römischer sowie Büchsenmacherkunst.

🏛 **Musée de la Photographie André Villers**
Porte Sarrazine, Mougins
℡ 04 93 75 85 67
Di–Fr 10–12.30 und 14–19, Sa/So 11–19 Uhr, Eintritt frei
Picasso, festgehalten auf vielen Fotos, sowie alte Fotoapparate.

⊙ 🏖 ⌧ **Théoule-sur-Mer**
Zu einem erholsamen Tag am Strand lädt der kleine Badeort rund zehn Kilometer südwestlich von Cannes ein. Es gibt schöne Sandstrände, Wassersportmöglichkeiten (Windsurfen, Katamaran, Wakeboarden) sowie zahlreiche Restaurants, teils direkt am Meer. Besonders lebhaft geht es rund um den ehemaligen Fischereihafen zu.

Îles de Lérins
Die beiden kleinen in der Bucht von Cannes gelegenen Inseln sind ein beliebtes Ausflugsziel und per Boot in zehn Minuten von Cannes aus zu erreichen. Das größere und bekanntere Eiland ist **Ste-Marguerite**, das kleinere heißt **St-Honorat**.

Auf Ste-Marguerite wurde 1685 das **Fort-Royal** als berüchtigtes Gefängnis eingerichtet. Es hatte einen berühmten Insassen: den »Mann mit der eisernen Maske«.

Lérina – der Kräuterlikör der Mönche

Bekannt in ganz Frankreich ist der *Lérina*, ein Kräuterlikör, dessen geheimnisvolles Rezept einzig die Mönche der Lérins-Inseln kennen. Für den Likör werden über 40 verschiedene Kräuter und Pflanzen eingelegt und destilliert, z. B. Geranie, Rose, Thymian, aber auch Rosmarin sowie Safran.

Vista Points

Allerdings ist bis heute ungeklärt, wer der Gefangene wirklich gewesen ist. Die Zelle, in der man ihn gefangen hielt, existiert noch. Besichtigt werden kann im Fort das **Musée de la Mer** mit seinen archäologischen Funden vom Meeresgrund. Auf der Île Ste-Marguerite gibt es auch einen botanischen Lehrpfad, und die Insel präsentiert stolz viele Pinien- und Eukalyptusbäume. Sie ist daher bei Naturfreunden sehr beliebt, während ihre Schwesterinsel St-Honorat wegen der Klosteranlagen bei Kulturfans als Ausflugsziel vorne liegt. Die 410 vom hl. Honoratius gegründete Abtei war im 5. und 6. Jahrhundert eine christliche Hochburg. Nach Plünderungen und Zerstörung wurde sie 1869 wieder aufgebaut. Bis heute leben hier Zisterziensermönche; das Kloster kann besichtigt werden. Noch interessanter als die romanische Klosterkirche ist die Trutzburg der Mönche, **Monastère Fortifié de St-Honorat**.

🏛 Musée de la Mer
Fort Royal, Île Ste-Marguerite
℅ 04 93 38 55 26, April/Mai tägl. außer Mo 10.30–13.15 und 14.15–17.45, Juni–Sept. tägl. 10–17.45, sonst tägl. außer Mo 10.30–13.15 und 14.15–16.45 Uhr, Eintritt € 6/3, Nov.–März 1. So Kinder frei
Archäologische Funde vom Meeresgrund im Fort Royal.

Grasse
Spätestens seit Patrick Süskinds Roman »Das Parfum« ist Grasse allgemein als »Stadt der Düfte« bekannt. Jedes Jahr pilgern zwei Millionen Besucher in die 40 000-Einwohner-Stadt mit der über 400-jährigen Dufttradition. Mancher Parfümhersteller kreiert dem Interessierten auf Wunsch seinen ganz individuellen Duft. Wer nichts kauft, besucht zumindest das **Musée international de la Parfumerie**. Auch

Ambra, Moschus, Myrrhe und Rose sind die Ingredienzen der Spitzenparfümeure bei »Fragonard« in Grasse

Îles de Lérins · Grasse · Vallauris/Golfe-Juan

die reizvolle Altstadt mit Bürgerhäusern, Kathedrale und dem ehemaligen Bischofspalais ist ein lohnendes Ziel.

ℹ️ Tourist Information
Palais de la Buanderie
06130 Grasse
℡ 04 93 36 66 66, www.grasse.fr, Mitte Sept.–Juni Mo–Sa 9–12.30, 14–18, Juli–Mitte Sept. tägl. 9–19 Uhr

Rosen aus Grasse

🏛 Musée international de la Parfumerie
2, bd. du Jeu de Ballon, Grasse
℡ 04 97 05 58 00, April–Sept. tägl. 10–19, Okt.–März tägl. außer Di 10.30–17.30 Uhr, Eintritt € 6/4
Reise durch die Geschichte und die Magie der Düfte.

✕ 🛏 Bastide St-Antoine
Quartier St-Antoine, 48, av. Henri Dunant, Grasse
℡ 04 93 70 94 94, www.jacques-chibois.com
Lunch/Dinner
Feinschmecker-Bauernhof umgeben von Olivenbäumen. In eleganten Zimmern (Relais & Chateaux) kann auch übernachtet werden. €€€

✕ Lou Candeloun
5, rue des Fabreries, Grasse
℡ 04 93 60 04 49, Di–Sa mittags und abends, Mo mittags
Von Küchenchef Alexis Mayroux und seiner Frau Sophie sehr persönlich geführtes Lokal, in dem eine hervorragende *cuisine du marché* serviert wird. €€

🛍 Molinard
60, bd. Victor Hugo, Grasse
℡ 04 92 42 33 11, www.molinard.com
April–Sept. tägl. 9.30–18.30, Juli/Aug. bis 19, Okt.–März Mo–Sa 9.30–13, 14–18.30 Uhr
Seit 1849 geht man hier der Kunst der Parfümkreation nach.

🛍 Fragonard
L'usine historique, 20, bd. Fragonard, Grasse
℡ 04 93 36 44 65, www.fragonard.com
Juli/Aug. tägl. 9–19, Sept.–Juni tägl. 9–18 Uhr, Nov.–Mitte Dez. 12.30–14 Uhr geschl.
Hier kann man einkaufen und die historische Parfümfabrik besichtigen.

Vallauris/Golfe-Juan
Der Name Vallauris im Hinterland von Cannes, inmitten grüner Hügellandschaft, ist untrennbar mit Pablo Picasso verbunden. Das Künstlergenie lebte nach dem Zweiten

Vista Points

Weltkrieg im nahen **Golfe-Juan** und kam über ein befreundetes Ehepaar, das eine Töpferei besaß, mit dem traditionsreichen Töpferhandwerk in Vallauris in Kontakt. Daraufhin schuf er etliche Keramiken und Skulpturen. Auf den Spuren des großen Künstlers kann man über eine Art »Picasso-Pfad« durch den Ort wandeln. Bis heute gibt es viele Galerien, das Kunsthandwerk der Töpfer ist hier uralt. Aufgeblüht ist die Tonkunst allerdings erst im 16. Jahrhundert.

Auch Jean Marais zog es nach Vallauris. Der Schauspieler ließ sich nach seiner erfolgreichen Film- und Theaterkarriere 1980 hier nieder und widmete sich der Keramik und der Bildhauerei. Als Ehrenbürger der Stadt entwarf er jedes Jahr das Plakat für das Töpfereifest. Auf dem alten Friedhof fand er seine letzte Ruhestätte.

ℹ Tourist Information
Square 8 mai 1945, 06220 Vallauris/Golfe-Juan
✆ 04 93 63 82 58, www.vallauris-golfe-juan.com
Okt.–Mai Mo–Sa 9–12.15 und 13.45–18, Juni–Aug. tägl. 9–19 Uhr

🏛 Musée de la céramique kitsch
Place de la Libération, Vallauris
✆ 04 93 64 71 83, Mitte Sept.–Mitte Juni tägl. außer Di 10–12.15 und 14–17, Mitte–Ende Juni, Anf.–Mitte Sept. tägl. außer Di 10–12.15 und 14–18, Juli/Aug. tägl. 10–19 Uhr
Eintritt (inkl. Museen Magnelli, National Picasso) € 4/2
Keramik-Kitsch und Kunst der 1960er bis 1980er Jahre.

🏛 Musée Magnelli – Musée de la Céramique
Place de la Libération, Vallauris
✆ 04 93 64 71 83, Mitte Sept.–Mitte Juni tägl. außer Di 10–12.15 und 14–17, Mitte–Ende Juni, Anf.–Mitte Sept. tägl. außer Di 10–12.15 und 14–18, Juli/Aug. tägl. 10–19 Uhr

»L'Homme au Mouton« – »Der Mann mit dem Schaf« heißt die Picasso-Skulptur auf der Place Isnard in Vallauris

Vallauris/Golfe-Juan · Juan-les-Pins

Eintritt (inkl. Musée de la céramique kitsch, Musée National Picasso) € 4/2
Keramiksammlung von Picasso sowie abstrakte Bilder von Alberto Magnelli.

🏛 Musée National Picasso
Château de Vallauris, Place de la Libération, Vallauris
✆ 04 93 64 71 83, Juli/Aug. tägl. 10–19, sonst tägl. außer Di 10–12.15, 14–17 Uhr
Eintritt € 4/2
Picassos Riesengemälde »La Guerre et la Paix« (»Krieg und Frieden«) gehört zu den Schätzen in der alten romanischen Schlosskapelle.

Der Leuchtturm in Golfe-Juan bei Vallauris

🏛 Espace Jean Marais
Le Fournas, Av. des Martyrs de la Résistance Vallauris
✆ 04 93 63 46 11, Di–Sa 10–12.30 und 14–18, Juli–Mitte Sept. Di–Sa 10–13 und 15–19 Uhr, Eintritt frei
Bilder, Skulpturen, Fotos und Videos von und über Jean Marais.

✖ Nounou
Am Strand, Golfe-Juan, www.nounou.fr, tägl. geöffnet
Edles Fischrestaurant mit Blick auf die Wellen. €€€

✖ Lou Pichinet
16, place Jules Lisnard, Vallauris
✆ 04 93 64 63 70, Di–Fr Lunch/Dinner, Sa/So nur Dinner
Einfach und gut, viele Meeresfrüchte. €–€€

🛍 Verrerie d'Art Bernard Aconito
69, av. Georges Clemenceau, Vallauris
✆ 08 99 18 51 84, Öffungszeiten tel. erfragen
In der Glaswerkstatt kann man den Glasbläsern bei der Arbeit zuschauen und einkaufen.

🎭 Jeden ersten Sonntag im März wird der **Ankunft Napoléons** mit dem Schiff gedacht. Am Strand wird das Ereignis nachgestellt.

Juan-les-Pins
Ein beliebter Badeort, der mit dem benachbarten Antibes zusammengewachsen ist. Zwischen den beiden Orten schiebt sich das landschaftlich wunderschöne **Cap d'Antibes** ins Meer. Juan-les-Pins zieht mit seinem lang gestreckten Strand, schicken Strandclubs, flotten Shops und Boutiquen, Kasino, Restaurants und Bars ein eher jüngeres Publikum an. Schließlich ist der Ort für sein lebendiges Nachtleben und für ein Top-Musikevent bekannt: Seit 1952 findet das **Jazzfestival** statt, bei dem schon Weltstars wie Duke Ellington oder Charlie Parker aufgetreten sind.

★ Vista Points

Frische Austern

ℹ️ Tourist Information
60, chemin des Sables
06160 Juan-les-Pins
✆ 04 22 10 60 01
www.antibesjuanlespines.com
Mo–Sa 9–12 und 14–18, So 9–13, Juli/Aug. tägl. 9–19 Uhr

✕ Bistrot-Terrasse
La Pinède, av. G. Galice, Juan-les-Pins
✆ 04 93 61 08 70
Tägl. Lunch/Dinner
Sympathisches Bistro-Restaurant mit schöner Terrasse. €€

✕ Plages Les Pirates
23, bd. Edouard Baudouin
Juan-les-Pins
✆ 04 93 61 00 41, www.plage-les-pirates.fr
Italienisch-mediterranes Restaurant mit regionalen Produkten in schickem Ambiente – die Hausfarbe ist türkisblau – und bester Strandlage, am »Strand der Piraten«. €€

✕ Restaurant le Perroquet
9, av. G. Gallice, Juan-les-Pins
✆ 04 93 61 02 20, www.perroquet.lu
Bekanntes Restaurant mit guter Küche; das zweigängige Lunch-Menü (Mo–Sa) kostet um € 16. €€

✕ Biorell
12 bis, av. de l'Esterel, Juan-les-Pins
✆ 06 43 46 98 40, Di–So 18.30–22.30 Uhr
Restaurant für den unkomplizierten Hunger, hier gibt es Pizza, Sandwiches, Suppen und Pasta. €–€€

✕ La Bodega
16, av. du Dr Dautheville, Juan-les-Pins
✆ 04 93 67 59 02, Lunch/Dinner
Bodenständiger Italiener mit schönen Sitzplätzen draußen, ordentlicher Pizza, gutem offenem Wein und guten Muscheln in verschiedenen Varianten. €–€€

🎲 🍸 ✕ Eden Casino
Bd. E. Baudoin, Juan-les-Pins
✆ 04 92 93 71 71
www.casinojuanlespins.com
Im Kasino von Juan-les-Pins kann man nicht nur beim Roulette und Black Jack (tägl. 21–4 Uhr) oder an 180 Spielautomaten sein Glück versuchen und beim Tanztee das Tanzbein schwingen, sondern auch im **Le Grill** gut essen. Im Sommer abends Livemusik auf der Terrasse. €€

🎵 🎵 Musikfreunde werden in Juan-les-Pins Spaß haben: im März beim **New Orleans les Pins Jazz Festival** und im Juni beim **Internationalen Jazzfestival**.

❹ Antibes

Antibes, drittgrößte Stadt an der Côte d'Azur, wurde um 400 v. Chr. von griechischen Seefahrern und Händlern in einer windgeschützten Bucht gegründet, um auf dem Weg von Korsika nach Marseille über eine Zwischenstation zu verfügen. Die Griechen nannten den Hafen *Antipolis* (die Gegenüberliegende), gemeint war damit gegenüber von Korsika. Die Römer bauten Antibes weiter aus und im Mittelalter wurde die von den Grimaldis beherrschte Stadt stark befestigt.

Heute ist Antibes eine großflächige, moderne und verkehrsreiche City zwischen Nizza und Cannes, im Zentrum der Französischen Riviera und mit 20 Kilometern Küstenlinie. Die **Altstadt** bietet noch viel alte Bausubstanz und ist von Stadtmauern umgeben. In den netten Nebengassen abseits des Rummels gibt es noch urige Restaurants, typische Bistros und witzige Läden zu entdecken.

Am malerischen **Cap d'Antibes** reiht sich eine Villa an die nächste, und im Badeort **Juan-les-Pins** treffen sich Sonnenhungrige bereits seit den 1920er Jahren. Schon die großen Parkplätze am Hafen zeigen dem Anreisenden, dass sich die Altstadt während der Saison auf Besuchermassen einstellt. Antibes besitzt, trotz des Andrangs, viel Charme, besonders abends, wenn es wesentlich ruhiger wird. Tagsüber finden Erholungssuchende an den verschiedenen Stränden immer noch ein freies Plätzchen. Einen Besuch wert, selbst für Kunstmuffel, ist das **Picasso Museum**, sicherlich eines der schönsten Museen an der Küste. Nicht umsonst gilt Antibes als Hochburg der bildenden Künste und nennt eine ansehnliche Zahl von Kunstschätzen sein eigen, so haben u. a. Picasso, Miró und Peynet der Stadt Werke vermacht.

Antibes: Die dicken Mauern zeugen von der einstigen strategischen Bedeutung der Stadt

Vista Points

dB1

🛈 Tourist Information
42, av. Robert Soleau, 06600 Antibes
✆ 04 22 10 60 01, www.antibesjuanlespines.com
Mo–Fr 9–12.30 und 13.30–18, Sa 9–12 und 14–18, So 9–13,
Juli/Aug. tägl. 9–19 Uhr

dC/dD3

🏛 Musée d'Archéologie
Bastion Saint-André, Antibes
✆ 04 92 00 53 36
Mitte Juni–Mitte Sept. tägl. außer Mo 10–12 und 14–18,
Juli/Aug. Mi/Fr bis 20, sonst 10–13 und 14–17 Uhr
Eintritt € 3
Im Tonnengewölbe der Bastion dokumentieren archäologische Funde die griechische und römische Vergangenheit.

dB1

🏛 Musée de la carte postale
4, av. Tournelli, Antibes
✆ 04 93 34 24 88, tägl. außer Mo 14–18 Uhr, Eintritt € 3,50
Tausende von Postkarten aus aller Herren Länder.

südl. dB2

🏛 Musée Napoléonien
Batterie du Graillon, Bd. J. F. Kennedy, Antibes
✆ 04 93 61 45 32
Eintritt € 3, Kinder frei
Mitte Juni–Mitte Sept. Di–Sa 10–18, sonst bis 16.30 Uhr
Die Tour Stella inmitten eines Parks birgt die wunderbaren Ausstellungsräume des Museums, das Schiffsmodelle und persönliche Erinnerungsstücke Napoléons hütet.

dB2

🏛 Musée Peynet et du dessin humoristique
Place Nationale, Antibes
✆ 04 92 90 54 30
Tägl. außer Mo 10–12 und 14–18 Uhr, Eintritt € 3
Über 300 Zeichnungen des bekannten französischen Zeichners Raimond Peynet.

dB3

🏛 Musée Picasso
Château Grimaldi, Place Mariéjol, Antibes
✆ 04 92 90 54 20, Mitte Juni–Mitte Sept. tägl. 10–18, Juli/Aug. Mi, Fr bis 20, sonst tägl. 10–12 und 14–18 Uhr, Eintritt € 6
1946 ließ sich das Maler-Genie hier nieder, zahlreiche seiner im Grimaldi-Schloss entstandenen Werke überließ er später dem Museum. Außerdem zu sehen: Werke von Nicolas de Staël, Hans Hartung und anderen zeitgenössischen Künstlern.

Claude Monet: »Antibes« (1888)

🏛 Musée de la Tour
dB3
1, rue de L'Orme, Antibes
✆ 04 92 90 54 28
Besuch auf Anfrage (mind. 8 Pers.)
Im mittelalterlichen Turm werden Kostüme, Möbel und mehr aus dem 18. und 19. Jh. aufbewahrt.

Antibes

Straßencafé in der malerischen Altstadt von Antibes

Cathédrale N.-D. de l'Immaculée Conception
30, rue de la Paroisse, Antibes
Neben dem Picasso Museum steht auf den Fundamenten eines griechischen Tempels die teils romanisch, teils barocke Kathedrale.

dB3

Fort Carré
Av. du 11 Novembre, Antibes
℅ 04 92 90 52 13, tägl. außer Mo 11–17.30 Uhr, Eintritt € 3
Einst war die Verteidigungsanlage nur ein auf den Mauern einer Kapelle erbauter Turm. Unter dem Baumeister Vauban wurde sie zur Festung ausgebaut. Heute steht sie unter Denkmalschutz.

nördl. dA1

Marineland
306, avenue Mozart, Antibes
℅ 08 92 42 62 26
www.marineland.fr
Tägl. ab 10 Uhr, Eintritt € 44,90/36
Groß und Klein lassen sich von Delfin- und Seelöwenshows unterhalten oder betrachten große und kleine Meeresbewohner in riesigen Aquarien. Im maritimen Freizeit- und Erlebnispark findet sich auch das **Musée de la Marine**, das die größte Meeresprivatsammlung Europas sein eigen nennt. Eine Attraktion für die ganze Familie.

C7

Le Broc en Bouche
8, rue des Palmiers, Antibes
℅ 04 93 34 75 60, tägl. 12–14 und 19.30–22.30 Uhr
Gemütliches Feinschmecker-Bistro und Weinbar. Sehr typisch, sehr französisch. €€–€€€

dB3

Oscar's
8, rue du Docteur Rostan, Antibes
℅ 04 93 34 90 14, Mitte Juni–Mitte Sept. tägl. 12–13.30 und

dB2

Vista Points

19–21.30 Uhr, sonst tel. erfragen
Originell mit Skulpturen und Landschaftsmalereien dekoriertes Lokal, gute italienisch-französische Küche. €€–€€€

✗ Le Vauban — dB3
7 bis, rue Thuret, Antibes
© 04 93 34 33 05, www.levauban.fr
Mo, Mi mittags sowie Di geschl.,
Feines, stilvolles Restaurant mit gehobener provenzalischer Küche. €€

✗ L'Oursin — dB2
16, rue de la République, Antibes
© 04 93 34 13 46
Di–Sa 11–14 und 19–23, So 11–14 Uhr, Juni–Sept. tägl.
Leckere Meeresfrüchte in lockerer Atmosphäre. €€

✗ La Cafetière Fêlée
18, rue du Marc, Antibes
© 04 93 34 51 86
www.lacafetierefelee.com
Di–Sa mittags und abends
Küchenchef Julien Fiengo kreiert eine frisch zubereitete Fusion-Küche. €€

✗ Blue Lady Pub
La Galerie du Port, Rue Lacan, Antibes
© 04 93 34 41 00
www.blueladypub.com
Mo–Sa 7.30–0.30 Uhr
Stimmungsvolle Location für alle Gelegenheiten: Frühstück, Lunch, ein Bier am Abend, Live-Musik, Partys.

Balade en Provence/Absinthbar
Marché Provençal, 25, cours Masséna, Antibes
© 04 93 34 93 00, in der Saison bis 23 Uhr
Nicht nur, dass der im Arkadengang des überdachten Marktes gelegene Shop Delikatessen, Olivenöl und Porzellan feilbietet. Um die Ecke ist man auch gleich in einer urigen Keller-Absinthbar (1, rue Sade, ab 18 Uhr).

Charcuterie Lyonnaise
21, rue de la République, Antibes
© 04 93 34 09 52, www.charcuterielyonnaise.com
Jean-François Bricaud ist ein Meister in Sachen handwerklicher Fleischverarbeitung. Mit Bistro und Buffet.

Comic Strips Café — dC2
3, av. du 24 Août, Antibes
© 04 93 34 91 40, www.canalbd.net
Mo 14–19, Di–Sa 10–19 Uhr
Frankreich hat eine große Comic-Tradition. Hier kann man stöbern und kaufen.

Antibes · Biot

🏠 Fromagerie l'Etable
Marché Provençal, 1, rue Sade, Antibes
✆ 04 93 34 51 42
Wunderbares Käsegeschäft mit rund 150 Sorten, zum Wochenende auch frische Nudeln.

dB3

🏠 Provenzalischer Markt auf dem Cours Masséna: im Juli/Aug. jeden Morgen, sonst tägl. außer Di

dB3

Biot
Durch seine Töpferarbeiten hat sich der Ort hoch über den Ufern der Brague einen Namen gemacht. Berühmt sind die *jarres*, Riesentöpfe zur Aufbewahrung von Olivenöl. Zudem ist der Ort reich an Glaswerkstätten. Der Maler Ferand Léger, der 1955 die letzten Monate vor seinem Tod hier verbracht hat, wird mit einem eigenen Museum geehrt, das seine Witwe gegründet hat.

C7

ℹ️ Tourist Information
46, rue St-Sébastien, 06410 Biot
✆ 04 93 65 78 00, www.biot.fr
Okt.–März Mo–Fr 9.30–12.30, 13.30–17, Sa, Fei 11–17, Juni–Sept. Mo–Fr 9.30–12.30, 13.30–18, Sa/So/Fei 11–18, Juli/Aug. Mo–Fr 9.30–18, Sa/So/Fei 11–18 Uhr

C7

🏛️ 🏠 Ecomusée du Verre de Biot à la verrerie de Biot
Chemin des Combes, Biot
✆ 04 93 65 03 00
www.verreriebiot.com
Mo–Sa 9.30–20, im Winter bis 18, So 10.30–13.30 und 14.30–19.30, im Winter bis 18.30 Uhr
Im Museum steht die Geschichte der Glasbläserei im Mittelpunkt. Außerdem haben hier ihren Sitz: die Galerie Internationale du Verre, die internationale Glaskünstler präsentiert, und die Galerie Jean-Claude Novaro, die Arbeiten ihres Namengebers zeigt.

C7

🏛️ Musée de Bonsaï
299, chemin du Val de Pôme, Biot
✆ 04 93 65 63 99
www.museedubonsai-biot.fr
Mi–So 10–12 und 14–18 Uhr, Eintritt € 4/2
Ein großer Garten – 3000 m^2 – mit kleinen Bewohnern: Bonsais aus der ganzen Welt.

C7

🏛️ Musée d'Histoire et des Céramiques Biotoises
9, rue St-Sébastien, Biot
✆ 04 93 65 54 54
www.musee-de-biot.fr
Mitte Juni–Mitte Sept. tägl. außer Mo 10–18, sonst Mi–So 14–18 Uhr, Eintritt € 4, bis 16 J. frei
Neben der 2000-jährigen Ortsgeschichte wird auch Keramik aus Biot gezeigt.

C7

Vista Points

🏛 Musée National Fernand Léger
Chemin du Val de Pôme, Biot
℡ 04 92 91 50 20
Tägl. außer Di 10–18, Nov.–April bis 17 Uhr
Eintritt € 5,50/4
Werke des Malers, darunter Zeichnungen, Ölbilder und Mosaiken. Das Museum wird auch »Kathedrale der modernen Kunst« genannt. Mit Skulpturengarten.

❌ Chez Odile
Chemin des Bachettes, Biot
℡ 04 93 65 15 63, Fr–Di 12–14 und 19–21.30 Uhr
Wirtin Odile, die die regionalen Menüs persönlich erklärt, und ihr Restaurant sind eine Institution in der Region. €€

🔭 La Poterie Provençale
1689, route de la Mer, Biot, ℡ 04 92 95 97 67
Besichtigung der Töpferwerkstätten nach Vereinbarung.

Ausflugsziele:

Über die landschaftlich reizvolle Landstraße D 4 geht es von Biot nach **Valbonne**. Mittelpunkt des schmucken restaurierten Dorfes ist der schöne Marktplatz mit Arkaden aus dem 16. Jh. Einen Blick lohnt die frühere Abteikirche eines im 5. Jh. gegründeten Klosters, der ehemaligen Keimzelle des Dorfes. Genießer finden einige sehr gute Restaurants in und um Valbonne.

🏛 Musée du Patrimoine
Place de l'Eglise, Cour du cloître l'abbaye, 2. Etage Valbonne, ℡ 04 93 12 96 54
Auf Anfrage geöffnet, Eintritt € 2,50/1
Exponate des Dorflebens aus dem letzten Jahrhundert.

❌ Le Bois Doré
265, route d'Antibes, Valbonne
℡ 04 93 12 26 25, www.restaurant-leboisdore.com, tägl.
Feine traditionelle Küche – im Sommer auf der Terrasse, im Winter am Kamin; viele Menüs. €€–€€€

❌ 🎵 Restaurant La Bergerie
18, rue d'Opio, Valbonne
℡ 04 93 12 94 74, tägl. Dinner, So auch Lunch
Nicht nur ein Fondue-Restaurant, sondern auch noch ein Ort für Konzerte. €€

Cagnes-sur-Mer
Die geschäftige Kleinstadt mit rund 46 000 Einwohnern setzt sich aus einem modernen Seebad und dem pittoresken mittelalterlichen Dorf auf einem Felskegel zusammen. Die gesamte, noch urtümliche **Altstadt** mit steilen Straßen, kleinen, blumengeschmückten Plätzen und erkerbestück-

Biot · Cagnes-sur-Mer

ten Häusern ist sehenswert und stammt größtenteils aus dem 12. bis 14. Jahrhundert, so auch das von den Fürsten von Monaco zunächst als Burg erbaute und später zum Schloss erweiterte **Château** hoch über dem oberen Dorf. Dem weltberühmten Maler Renoir muss es gut gefallen haben, denn er lebte eine ganze Zeit lang hier. Er war fasziniert von den intensiven Farben und ließ sich von dem Ort künstlerisch inspirieren. Sein Haus ist heute Museum und zeigt Skulpturen und einige Bilder.

Pierre Auguste Renoirs Gemälde »Terrasse in Cagnes« entstand 1905

ℹ Tourist Information
6, bd. Maréchal Juin
06800 Cagnes-sur-Mer
✆ 04 93 20 61 64, www.cagnes-sur-mer.fr
Juli/Aug. Mo–Sa 9–13 und 14–18, Sept.–Juni Mo–Fr 9–12 und 14–18, Sa 9–12 Uhr

🏛 Château-Musée Grimaldi
Eingang Place Grimaldi, Haut-de-Cagnes
✆ 04 92 02 47 30, tägl. außer Di Juni–Aug. 10–13 und 14–18, Sept., April–Juni 10–12 und 14–18, Okt.–März 10–12 und 14–17 Uhr, Eintritt € 4, bis 26 J. frei
Das ursprüngliche mittelalterliche Fort wurde später ein barocker Herrensitz. Heute befinden sich ein Olivenöl-Völkerkundemuseum und ein mediterranes Kunstmuseum in dem Gemäuer.

🏛 Musée Renoir
Le Domaine des Collettes
19, chemin des Collettes, Cagnes-sur-Mer
✆ 04 93 20 61 07, tägl. außer Di Juni–Sept. 10–13 und 14–18, Okt.–März 10–12 und 14–17, April/Mai bis 18 Uhr
Eintritt € 6, bis 26 J. frei
Die parkähnliche Domaine mit großem Olivenhain war der letzte Wohnsitz von Renoir. So wie er damals wohnte, sieht es heute noch aus. Man kann nicht nur Möbel und persönliche Gegenstände betrachten, sondern auch zwei Ateliers, ein knappes Dutzend seiner Werke und seine fast vollständige Skulpturensammlung. Sehenswert auch der Rosengarten von Renoirs Gattin.

ⓒ Chapelle Notre-Dame-de-Protection
Cagnes-sur-Mer
Sehenswert sind in der Kirche die Fresken, die Andrea de Cella 1525 gemalt haben soll.

Strandszene in Cagnes-sur-Mer

Vista Points

🏛 Atelier Esty
10, rue St Roch, Cagnes-sur-Mer
℡ 06 09 36 54 03, www.esty.net
Öffnungszeiten tel. erfragen
Handgearbeitete zeitgenössische Schmuckunikate der kanadischen Künstlerin Esty Grossman.

🏛 Atelier des Parfums – Funcréation
532, chemin du Defoussat, La Colle sur Loup
℡ 04 93 22 69 01, www.atelier-des-parfums.com
Öffnungszeiten tel. erfragen
Hier erfährt man, wie Parfüm hergestellt wird. Man kann es zum Fabrikpreis kaufen und sogar sein eigenes Parfüm kreieren (auf Anfrage).

🐎 Hippodrome Côte d'Azur
Cagnes-sur-Mer
℡ 04 92 02 44 44, www.hippodrome-cotedazur.fr
Von Dezember bis März rennen die Pferde tagsüber um die Wette, im Juli und August abends um 20.30 Uhr.

🐎 Jährlich im März findet das **Olivenfestival** in Cagnes-sur-Mer statt.

❺ St-Paul-de-Vence

Das auf einem Felsvorsprung gelegene und von Befestigungsmauern umgebene St-Paul gehört zu den schönsten Orten im Hinterland der Côte d'Azur. Kein Wunder also, dass es schon immer Künstler wie Chagall, Braque oder Miró inspiriert hat. Daher hat die Kunst in St-Paul auch wie selbstverständlich ein Zuhause. Die **Fondation Maeght** gilt unter Kunstfreunden als absolut sehenswert. Sie ist das erste Privatmuseum Frankreichs mit einer der weltweit wichtigsten Sammlungen moderner Kunst und lockt jährlich über 250 000 Besucher an. Das mittelalterliche Bilderbuch-Szenario macht die Stadt zu einem beliebten Ausflugsziel. In der Rue Grande zwischen Porte Royal und Porte Sud sind noch Steinfassaden aus dem 16./17. Jahrhundert zu bewundern. In den urigen Gassen haben sich viele Souvenirshops niedergelassen.

Pilgerstätte für Kunstinteressierte: die Fondation Maeght

ℹ Tourist Information
2, rue Grande
06570 St-Paul-de-Vence
℡ 04 93 32 86 95
www.saint-pauldevence.com
Juni–Sept. tägl. 10–19, Okt.–Mai tägl. 10–18, Sa/So 13–14 Uhr geschl.

Cagnes-sur-Mer · St-Paul-de-Vence · Vence

🏛 Fondation Maeght
623, chemin des Gardettes, St-Paul-de-Vence
℅ 04 93 32 81 63, www.fondation-maeght.com
Tägl. Okt.–Juni 10–18, Juli–Sept. 10–19 Uhr
Eintritt € 15/10

Das Museum ist eine Pilgerstätte für Kunstinteressierte. Maler und Bildhauer wurden in die Architektur des Hauses, das sich der Kunst des 20. Jh. widmet, einbezogen. So gibt es Fenster von Braque, Skulpturen von Giacometti, ein Mosaik von Chagall. Im Park spaziert man an den Werken großer Namen der Kunstgeschichte vorbei. Oft lange Warteschlangen.

🏠 La Cure Gourmande
23, rue Grande, St-Paul-de-Vence
℅ 04 93 32 16 96, www.courgourmande.com
Tägl. 10–19 Uhr
Filiale des bekannten Pariser Schokoherstellers.

Vence

Vence ist ein nettes, lebendiges Städtchen in den Bergen, rund 30 Kilometer von der Küste entfernt. Um die mittelalterliche Stadt herum, die zwischen zwei Felsschluchten auf einem Felsvorsprung liegt, hat sich die Neustadt gebildet. Zu den Attraktionen zählen farbenprächtige Märkte, ein Labyrinth kleiner Gassen, lauschige Plätze, das **Château de Villeneuve** mit Ausstellungen moderner Kunst am Rand der autofreien Altstadt, der Turm einer mittelalterli-

Farbenfrohe Angebote in Vence

chen Burg, eine Kathedrale mit schönem gotischem Chorgestühl und als Hauptattraktion die kleine, von Matisse ausgeschmückte **Chapelle du Rosaire**. Wie Henri Matisse haben hier in den 1920er Jahren viele Künstler gelebt.

🛈 Tourist Information
Place du Grand Jardin, 06140 Vence
✆ 04 93 58 06 38
www.vence.fr, www.ville-vence.fr
Nov.–Feb. Mo–Sa 9–17, März–Juni, Sept./Okt. Mo–Sa 9–18, Juli/Aug. Mo–Sa 9–19, So 10–18 Uhr

◉ Chapelle du Rosaire/Matisse
466, av. Henri Matisse, Vence
✆ 04 93 58 03 26
Mo, Mi, Sa 14–17.30, Di, Do 10–11.30, 14–17.30, Messe So 10 Uhr, Mitte Nov.–Mitte Dez. geschl.
Eigentlich heißt sie *Chapelle du Rosaire*, aber weil Matisse hier am Werk war – er entwarf und dekorierte sie – trägt die Kapelle auch seinen Namen.

◉ 🏛 Château de Villeneuve, Fondation Emile Hughes
2, Place du Frêne, Vence
✆ 04 93 58 15 78, www.museedevence.com
Tägl. außer Mo 10–12.30 und 14–18 Uhr
Prächtiges architektonisches Ensemble aus dem 17. Jh. inmitten der Altstadt, das den Rahmen für zeitgenössische Ausstellungen bildet.

ⓧ Les Bacchanales
47, av. de Provence, Vence
✆ 04 93 24 19 19, www.lebacchanales.com
Di, in der Nebensaison auch Mi geschl.
Chistophe Dufau serviert seine Gourmetküche in einem schönen, zeitgemäßen Ambiente. Von der Terrasse blickt man in den bezaubernden Garten. €€–€€€

ⓧ Le Michel Ange
1, Place Godeau, Vence
✆ 04 93 58 32 56
Tägl. außer Mo 12–14.30, Di–Sa 18.30–21.30 Uhr
Beliebtes Restaurant. Man sitzt schön im Schatten der Bäume. Wöchentlich wechselnde günstige Menus. Reservierung empfohlen. €–€€

🎨 Olivier Art Gallery
1, place Frédéric, Vence
✆ 04 93 59 75 06, tägl. 10–19 Uhr
Galerie mit breitem Angebot von abstrakter bis naiver Kunst.

🎨 Mit **Les Nuits du Sud** steht im Juli und August ein internationales Musikfestival auf dem Programm. **Knoblauch- und Aiolifest** im Juni.

Vence · Villeneuve-Loubet · Nizza

Villeneuve-Loubet

Der Ort am Fuß eines mittelalterlichen **Château** samt herrlichem mediterran-exotischem Park versprüht provenzalischen Charme. Durch blumengeschmückte Straßen spaziert man zu einem einzigartigen kulinarischen Museum, dem **Musée Escoffier de l'Art Culinaire**. Am Meer stehen die auffälligen wellenförmigen Terrassen-Hochhäuser, die von weither an der Küste zu sehen sind.

🛈 Tourist Information

16, av. de la Mer, 06270 Villeneuve-Loubet
℗ 04 92 02 66 16
www.villeneuve-tourisme.com

🏛 Musée Escoffier de l'Art Culinaire

3, rue Escoffier, Villeneuve-Loubet
℗ 04 93 20 80 51, www.fondation-escoffier.org
Sept.–Juni tägl. 14–18 Uhr, Juli/Aug. tägl. 14–19, Mi, Sa 10–12 Uhr, Nov. geschl., Eintritt € 5/2,50
Dem Erfinder des »Pfirsich Melba« ist Frankreichs einziges kulinarisches Museum gewidmet. Auguste Escoffier (1846–1935) prägte die Küche. In seinem Geburtshaus dreht sich alles um Koch und Kochkunst.

🍴 Im August wird mit den **Fêtes Gourmandes** ein kulinarisches Fest gefeiert.

Nizza

Nizza ist unbestritten die Metropole der Côte d'Azur, die unangefochtene Nummer eins, trotz der immer währenden Konkurrenz mit der Filmstadt Cannes. Fast 350 000 Einwohner hat die Hauptstadt des Départements Alpes-Maritimes und ist inzwischen der wichtigste Wirtschafts-

Die Strandpromenade entlang der Baie des Anges in Nizza: Promenade des Anglais

Vista Points

und Industriestandort. Nach wie vor zieht die Stadt, deren Aufstieg einst damit begann, dass Queen Victoria sie zu ihrem bevorzugten Winterquartier erklärte, die Touristenmassen an. Und das nicht nur zur Hochsaison oder zum Karneval, sondern rund ums Jahr. Die Stadt hat einiges zu bieten, sei es während einer Tour entlang der Küste oder auch nur für einen Kurztrip. So besitzt Nizza nach Paris die meisten Museen in Frankreich, kann mit 32 historischen Denkmälern, 300 Hektar Parks, Gärten und Wäldern aufwarten. Ergänzt wird die imposante kulturelle Palette von der prähistorischen Stätte der **Terra Amata**, von Barockreichtum, Belle-Époque-Architektur und zeitgenössischen Skulpturen in der ganzen Stadt.

`östl. cD6`

Hauptanziehungspunkte sind die ❻ **Altstadt Vieux Nice** und die kilometerlange Promenade des Anglais. Die Straßen der Altstadt bevölkern Einheimische wie Touristen gleichermaßen, wird doch neben dem touristischen Standard im Labyrinth der Gassen auch viel Flair geboten, z. B. in der Rue de la Boucherie mit ihren kleinen Läden. Dort kann man sich *Tapenade*, die leckere Olivenpaste, direkt aus dem Bottich abfüllen lassen. Das Herz der Altstadt ist jedoch der **Cours Saleya**. Hier trifft man sich in den Restaurants oder auf dem täglichen Markt. Der **Marché aux Fleurs** ist, auch wenn man es nicht mehr hören kann, einfach wunderbar. Nicht unbedingt wegen der Blumen, es gibt auch Gemüse- und andere Lebensmittelstände sowie feste Stände mit richtigen Käsereien und Fischlokale. Am Cours Saleya sind an sonnigen Vormittagen kaum mehr freie Plätze in den Cafés zu finden. Sehenswürdigkeiten in der Altstadt sind vor allem das barocke Wunder, die **Chapelle de la Miséricorde**, und die **Cathédrale Ste-Réparate**, an der über ein Jahrhundert gebaut wurde, an der schönen **Place Rossetti**. Eine andere berühmte Kirche liegt außerhalb der Altstadt: Die **russisch-orthodoxe Kathedrale St-Nicolas** ist das größte russische sakrale Gebäude außerhalb Russlands.

`cD/cE 4/5`

`cE4`

`cD/E5`

`cD4`

`cB1`

Die Altstadt ist nicht, wie zu vermuten wäre, das älteste Viertel Nizzas. Das ist **Cimiez**, heute eine Ausgrabungsstätte, einst von Römern bevölkert. Cimiez bietet ebenfalls schöne Belle-Époque-Bauten, einen hübschen Klostergarten und eine tolle Aussicht über die Stadt. Abends zeigt sich Cimiez von seiner romantischen Seite.

`nördl. cA4`

In Nizza muss man auf dem **Schlossberg** mit seinen wenigen Überresten des einstigen Château gewesen sein. Der Blick über das Altstadtgewirr, auf die Promenade und auf der anderen Seite bis zum Hafen ist einzigartig.

`cD/cE 5/6`

Prachtvolle Villen und Luxushotels säumen die Bummelmeile Nizzas, die **Promenade des Anglais**. Die Strandstraße, allerdings mit mehrspurigem Autoverkehr, wurde tatsächlich nach den Engländern benannt. Angelegt wurde sie vor rund 180 Jahren, damals allerdings als zwei Meter breiter Wanderpfad. Die Briten waren die ersten Touristen hier, ein schottischer Arzt gilt als Entdecker Nizzas. Queen Victoria weilte bereits Ende des 19. Jahrhunderts

`cE1–3`

Nizza

Das »Negresco« an der Strandpromenade, eines der letzten Grandhotels, steht für den Glanz der Belle Époque in Nizza

im Hotel West End, dem ersten Nobelhotel an der Promenade. Erst war die britische Elite hier, dann kam ab Anfang des 20. Jahrhundert fast der gesamte europäische Hochadel. Im Gegensatz zu damals kommt die Prominenz heute gerne im Frühling, so jedenfalls sollen es Catherine Deneuve und José Carreras halten. Sie wohnen immer noch gern im **Negresco**, Nizzas Aushängeschild. Der Belle-Époque-Palast steht unter Denkmalschutz, im Parterre stehen und schweben zeitgenössische Kunstwerke, und die Glaskuppel im Salon Royal stammt von Gustave Eiffel.

Immer kamen auch die Künstler: Allen voran Henri Matisse, aber auch Guy de Maupassant, Nietzsche, Renoir, Picasso, Chagall, Berlioz, Offenbach. Der Maler Yves Klein wurde 1928 in Nizza geboren. Kunstfreunde müssen unbedingt am **Musée d'Art Moderne et d'Art Contemporain (MAMAC)** vorbeischauen. Schon allein die interessante Architektur des Gebäudes aus weißem Marmor ist den Abstecher zur Promenade des Arts wert, die Ausstellungen allemal. Die vor dem Museum platzierte überdimensionale Skulptur aus Aluminium, »Karton-Kopf« genannt, ist bei den Einheimischen höchst umstritten. Im Inneren befinden sich auf vier Etagen Teile der Museumsbibliothek. Bei der Plastik soll es sich um die weltweit einzige »bewohnte« Skulptur handeln.

ℹ Tourist Information
5, promenade des Anglais
06302 Nizza
✆ 08 92 70 74 07
www.nicetourisme.com
Okt.–Mai Mo–Sa 9–18, Juni–Sept. Mo–Sa 8–20, So 9–19 Uhr

ℹ Für den **vergünstigten Besuch der städtischen Museen** Nizzas gibt es verschiedene Ticketarten, z. B. das für Zeitgenössische Kunst (€ 10 für 48 Stunden) oder den **French Riviera Pass** gültig für 24, 48 oder 72 Stunden (€ 26/38/56). Infos unter: www.de.nicetourisme.com.

Vista Points

cC4

🏛 Atelier Soardi
9, av. Desambrois, Nizza
✆ 04 93 62 32 03
www.soardi.fr, Di–Sa 10–12.30 und 14–18.30 Uhr
1930–33 hat Matisse hier gearbeitet, es entstanden drei Versionen von »La Danse«. Heute ist es eine Galerie für zeitgenössische Kunst.

cC4/5

🏛 Musée d'Art Moderne et d'Art Contemporain (MAMAC)
Place Yves Klein, Nizza
✆ 04 97 13 42 01, www.mamac-nice.org
Tägl. außer Mo 10–18 Uhr
Spannendes Museum für zeitgenössische Kunst der 1960er Jahre bis heute. Man begegnet in dem modernen Bau aus weißem Marmor u. a. Werken von Roy Lichtenstein, Robert Rauschenberg, Andy Warhol, Niki de Saint-Phalle und Yves Klein. Kleins Werke sind übrigens auch im Jardin d'Eden auf der Museumsterrasse zu finden.

westl. cE1

🏛 Musée des Arts Asiatiques
405, promenade des Anglais, Nizza
✆ 04 92 29 37 00, www.arts-asiatiques.com, tägl. außer Di Mai–Mitte Okt. 10–18, Mitte Okt.–April 10–17 Uhr
Eintritt frei
Schon allein der von Wasserbecken flankierte moderne Museumsbau ist sehenswert. Drinnen widmet man sich den asiatischen Kulturen, zum Begleitprogramm gehören auch Teezeremonien.

westl. cE1

🏛 Musée des Beaux-Arts
33, av. des Baumettes, Nizza
✆ 04 92 15 28 28, www.musee-beaux-arts-nice.org
Tägl. außer Mo 10–18 Uhr, Eintritt frei
Der ehemalige Adelssitz beherbergt heute eine umfangreiche Gemälde- und Skulpturensammlung des 15. bis 20. Jh.

westl. cE1

🏛 Musée International d'Art Naïf Anatole Jakovsky
Château Ste-Hélène, av. de Fabron, Nizza
✆ 04 93 71 78 33, www.nice.fr/Culture/Musees-et-expositions/Musee-d-Art-Naif
Tägl. außer Di 10–18 Uhr
Über 1000 Werke naiver Kunst vom 18. bis 20. Jh.

nördl. cA4

🏛 Musée Matisse
164, av. des Arènes de Cimiez, Nizza
✆ 04 93 81 08 08, www.musee-matisse-nice.org
Tägl. außer Di 10–18 Uhr, Eintritt € 10, Kinder frei
»Als ich verstanden hatte, dass ich dieses Licht jeden Morgen wieder sehen würde, konnte ich mein Glück nicht fassen«, sagte Matisse 1917. Das war der Anfang einer 40-jährigen Freundschaft zwischen dem Maler und der Côte d'Azur. In einer Genueser Villa aus dem 17. Jh. im Park der

Nizza

Arenen von Cimiez werden die berühmtesten Gemälde, fast alle Skulpturen, Zeichnungen und Radierungen von Matisse gehütet.

cA3/4

🏛 **Musée National Marc Chagall**
Av. du Docteur Ménard, Nizza
☎ 04 93 53 87 39
www.musee-chagall.fr, tägl. außer Di Mai–Okt. 10–18, sonst bis 17 Uhr
Überblick über Chagalls Werk, darunter auch die 17 großen Bilder des Zyklus »Le Message Biblique«. Den Garten ziert ein farbenfrohes Mosaik des Künstlers.

Nizza: Musée d'Art Moderne et d'Art Contemporain

🏛 **Musée du Palais Lascaris**   cD5
15, rue Droite, Nizza
☎ 04 93 62 72 40, tägl. außer Di 10–18 Uhr, Eintritt € 10
Das Stadtpalais ist eines der wichtigsten und sehenswertesten Nizzas. Das rekonstruierte, prächtige Innere, etwa das großzügige Treppenhaus und die Empfangssäle, machen Eindruck.

🏛 **Musée de paléontologie humaine de Terra Amata**
25, bd. Carnot, Nizza
☎ 04 93 55 59 93, www.musee-terra-amata.org
Tägl. außer Di 10–18 Uhr, Mo nur für Gruppen
An einer prähistorischen Stätte – ein Höhlensystem mit 400 000 Jahre alten Werkzeug- und Knochenfunden – wurden ein Museum errichtet und eine alte Behausung rekonstruiert.

östl. cD6

🏛 **Musée et site archéologiques de Nice-Cimiez**
160, av. des Arènes de Cimiez, Nizza
☎ 04 93 81 59 57, tägl. außer Di 10–18 Uhr
Reste der Thermen und des Baptisteriums gehören zu den Funden der antiken Römerstadt *Cemelenum*. Neben antiken Steinen gibt es ein archäologisches Museum.

nördl. cA4

🏛 **Villa Arson**
20, av. Stephen Liégeard, Nizza
☎ 04 92 07 73 73, www.villaarson.org
Tägl. außer Di Juli–Aug. 14–19, sonst bis 18 Uhr
Eintritt frei
Villa der Kunst, die in ihren vielen Ausstellungen bekannte wie Nachwuchskünstler präsentiert.

nördl. cA1

⦿ **Cathédrale orthodoxe russe St-Nicolas**
Av. Nicolas II, Nizza
Im Juli Sa/So für Besichtigungen geöffnet
Sechs Zwiebeltürme krönen das 1912 geweihte russische Gotteshaus aus rosa Backstein, grauem Marmor und leuchtenden Keramiken.

cB1

Vista Points

cD4

👁 Cathédrale Ste-Réparate
3, place Rossetti, Nizza
✆ 04 93 92 01 35, www.cathedrale-nice.com
Di–Fr 9–12, 14–18, Sa 9–12, 14–19.30, So 9–13, 15–18 Uhr
Von 1650 bis 1757 währte der Bau der Kathedrale. Sie gehört zu den Highlights barocker Kunst in Nizza.

cD/cE5

👁 Chapelle de la Miséricorde
Cours Saleya, Nizza
Im alten Nizza liegt die Kapelle der schwarzen Büßermönche. Sie gilt als barockes Meisterwerk.

cD5

👁 Église de l'Annonciation
Rue de la Poissonnerie, Nizza
Die auch als Ste-Rita bekannte Kirche ist eines der ältesten Gotteshäuser in Nizza. Im 17. Jh. wurde das Bauwerk in der Altstadt völlig umgestaltet, dank jüngster Restaurierung zeigt es wieder seine ganze barocke Pracht.

nördl. cA4

👁 🏛 ❀ Franziskanerkloster von Cimiez
Place du Monastère du Cimiez, Nizza
Das Kloster mit sehr schöner Kirche stammt aus dem 16. Jh. Auf dem Friedhof liegt Matisse begraben. Zum Kloster gehören auch ein Museum und der älteste Garten der Côte d'Azur, die Mönche bauen hier auch Gemüse an.

cC5

👁 Place Garibaldi
Denkmalgeschütztes Beispiel bürgerlicher Barock-Architektur zwischen Nizzas Altstadt und Hafenviertel. Angelegt wurde der Platz als Place Royal Ende des 18. Jh.

🚂 Train touristique/Touristenbahn
✆ 06 08 55 08 30
www.trainstouristiquesdenice.com
Tägl. April–Sept. 10–18, Juni–Aug. bis 19, Okt.–März 10–17 Uhr, Abfahrt alle 30 Min. gegenüber Jardin Albert 1er auf der Straße am Meer, Ticket € 8/4
Blumenmarkt, Altstadt und Schlossberg werden in ca. 45 Minuten erkundet.

👁 Espace Masséna
cD4

Olivenöl aus Nizza

Zwischen Nizzas Altstadt und Zentrum, hinter dem Jardin Albert 1er, locken Wasserspiele und Blumenpracht.

🌿 Jardin Albert 1er
cD3
Place Masséna, du 2 au 16 avenue de Verdun
Ältester Park Nizzas, der mit anderem Grün eine über 2 km lange Oase vom Meer bis zu den Hügeln bildet.

🌿 Le Parc de la Colline du Château
cD/E5
Rue de Foresta/Montée Monfort
Tägl. April–Sept. 8–19, Juni–Aug. bis 20, Okt.–März 8–18 Uhr
Eintritt frei
Schöner grüner und labyrinthartiger Park mit Wasserfall.

Nizza

🎭 Opéra de Nice
4 & 6, rue St-François-de-Paule
Nizza
✆ 04 92 17 40 00 cE4
www.opera nice.org
Neben der Oper in Monaco das andere große Haus an der Côte d'Azur für Konzerte, Ballett und Oper.

🎭 Théâtre National de Nice/ Centre National d'Art Dramatique cC5
Promenade des Arts, Nizza
✆ 04 93 13 90 90, www.tnn.fr
Das Haus für Bühnen- und Schauspielkunst.

Hier werden die besten Meeresfrüchte der Stadt serviert: Grand Café de Turin in Nizza

❌ Le Café de Turin
5, place Garibaldi, Nizza
✆ 04 93 62 29 52, tägl. 8–2 Uhr
Die Restauration an der arkadengesäumten Place Garibaldi soll die besten Meeresfrüchte der Stadt servieren. €€–€€€

❌ Acchiardo
38, rue Droite, Nizza
✆ 04 93 85 51 16, Mo–Fr 12–14 und 19–22 Uhr
Typische Bistro-Küche mit langer Familientradition. Reservierung wird empfohlen. €€

❌ Le Bistro du Fromager
29, rue Benoît Bunico, Nizza
✆ 04 93 13 07 83, Mo–Sa ab 19 Uhr
Um *fromage* – also Käse – dreht sich in diesem Bistro alles. €€

❌ Merenda
4, rue de la Terrasse, Nizza, Sa/So geschl.
In dem immer proppevollen Bistro kommen Spezialitäten aus Nizza auf den Tisch. €€

❌ Casbah
3, rue du Dr. Balestre, Nizza
✆ 04 93 85 58 81, Mo geschl.
Nordafrikanische Atmosphäre und leckere maghrebinische Küche, z. B. authentisches Couscous. €–€€

❌ Le petit Lascaris
5, rue Droite, Nizza
Di–Sa Lunch/Dinner, So für Brunch geöffnet
Kleines Bistrot-Restaurant mit Faible für Regionales, Fleisch, französische und spanische Weine. €–€€

❌ Olivieira
8 bis, rue du Collet, Nizza

Vista Points

Der berühmte Blumen- und Obstmarkt in Nizza zählt zu den schönsten Frankreichs

☏ 04 93 13 06 45
Eigentlich ein uriger Olivenhandel in der Altstadt, aber auch ein authentisches Restaurant mit wenigen Tischen, an denen man die Olivenöle zu einer Kleinigkeit von der Tageskarte testen kann. €

❌ Grand Café de Lyon
cD3
33, av. Jean Médeci, Nizza
☏ 04 93 88 13 17, tägl. 7–23 Uhr
Traditionsreiches Café, sehr authentisch und mit viel Atmosphäre. €€

❌ Pastry Plaisirs
11, rue Delille, Nizza
In Louis Dubois' Restaurant mit Teesalon kann man sich sowohl herzhaften als auch süßen Genüssen hingeben. €–€€

🛍 Marché aux Fleurs/ Marché aux Fruits et aux Légumes
Cours Saleya, Nizza
Blumenmarkt: Di–Fr 6–17.30, So 6–13.30 Uhr; Obst- und Gemüsemarkt: tägl. außer Mo 6–12.30 Uhr
Der berühmte Blumen- sowie der Obst- und Gemüsemarkt gehören zu den schönsten des Landes. Auf dem Place St-François findet frühmorgens der **Fischmarkt** statt (tägl. außer Mo 6–13 Uhr).

🛍 Rue de France/Rue Masséna
Fußgängerzonen mit Shops auf Normalniveau (mit Ausnahmen), teurer auf der **Av. de Verdun**. Wer durch die **Boutiquen** internationaler Designer bummeln will, ist in der Rue Paradis, Rue Alphonse-Karr und Rue de Longchamps richtig. In Nizza gibt es über tausend **Antiquitätenhändler**, zu finden u. a. in der Rue Ségurane und Rue Antoine-Gauthier.

🛍 La Maison Auer
7, rue Saint-François de Paule, Nizza
☏ 04 93 85 77 98, www.maison-auer.com, Di–Sa 9–18 Uhr
Die Confiserie und Chocolaterie gibt es seit 1820.

🛍 Confiserie Florian du Vieux Nice
14, quai Papacino, Nizza
☏ 04 93 55 43 50, www.confiserieflorian.com
Confiserie für Leckereien wie kandierte Früchte, Pralinen und Bonbons.

Süße Verführung: Nougat

🛍 L'Art Gourmand
cD4
21, rue du Marché, Nizza
Schöner und vor allem süßer Laden: Schokolade, Nougat, Gebäck und noch viel mehr.

🛍 Maison Tosello
cD4
6, rue Ste-Réparate, Nizza

Nizza · Villefranche-sur-Mer

Feste und Events in Nizza

Gefeiert wird in Nizza das ganze Jahr. Los geht es mit dem weltberühmten **Karneval**, mit dem der Winter verabschiedet wird. Im März gibt es das **Internationale Radrennen Paris–Nizza** mit Ankunft auf der Promenade des Anglais. Im April treffen sich die Läufer zum **Halbmarathon**. Im Juni findet vielerorts die **Fête de la Musique** statt – wer nicht tanzt, lässt sich einfach im fröhlichen Geschehen treiben. Die Fischer treffen sich im Juni zu Ehren des hl. Petrus zum **Fest des Meeres** mit Prozession und Schiffsverbrennung. Das berühmte **Jazzfestival** (www.nicejazzfest.fr) im Juli hat sich eine historische Kulisse ausgesucht, die Arenen und den Park von Cimiez. Vom Herbst bis zum Frühjahr laden die Barockkirchen der Altstadt zum Festival **Vieux Nice Baroque en Musique**.

✆ 04 92 00 07 79, www.maisontosello.com
Glücklich, wer einen Herd hat, denn der kann sich hier mit selbst gemachten Nudeln und Saucen eindecken.

📖 Molinard
20, rue St-François-de-Paule, Nizza
✆ 04 93 62 90 50, www.molinard.com
Die über 160 Jahre alte provenzalische Parfümerie betreibt in Nizza eine halbmuseale Duftboutique.

📖 A l'Olivier
7, rue St-François de Paule
(Marché aux Fleurs), Nizza
Öle, Essige, eingelegte Oliven, Tapenaden und mehr.

Nicht zum Verzehr empfohlen: Meeresfrüchte-Fayence

📖 Péchés Gourmands
15, place St-François, Nizza
✆ 04 93 62 94 66, www.peches-gourmands.fr
Süßwarenparadies in der Altstadt. Kekse, Nougat und wovon Leckermäuler sonst noch träumen.

📖 Kaliko
9, rue de la Boucherie, Nizza
✆ 04 93 13 49 22
Hier kann man sich recht preisgünstig komplett mit hübsch Modischem für den Strand ausstatten.

🚂 Der **Train des Pignes** fährt ab Gare du Sud (Av. Malaussena) in rund 4 Std. bis nach Digne.

Villefranche-sur-Mer

Das Städtchen in der Nähe von Nizza wurde 1295 gegründet und zieht sich die Hügel bis zum Meer hinab. Vor allem der Fischerhafen besitzt viel Flair. Die verwinkelte Altstadt mit ihren farbigen Fassaden zeigt noch den Charakter eines Riviera-Fischerdorfs; dabei hat sie die Atmosphäre des 17. Jahrhunderts bewahrt. Hier sind viele Galerien und Restaurants ansässig. Die mittelalterliche **Rue Obscure** ist fast komplett überdacht und so dunkel, dass sie den ganzen Tag von Laternen beleuchtet werden muss. Die Bedeutung von Villefranche als Kriegshafen wird heute noch an der mächtigen, 1557 erbauten **Zitadelle** deutlich. In der restaurierten Anlage befinden sich das Rathaus, drei Museen und ein Kongresszentrum.

Beliebt ist Villefranche auch bei vielen Einheimischen, die dort gern den Abend verbringen, um z. B. nett am lebhaften Hafen zu sitzen. Das natürliche Becken wurde ab 1388 von den savoyischen Herzögen erweitert. Schon Jean Cocteau und andere Künstler erlagen dem Charme des Ortes. Die kleine Hafenkapelle St-Pierre wurde von Cocteau gestaltet, der mehrere Sommer in dem damals als Treff der homosexuellen Szene bekannten Fischerdorf verbrachte.

Tourist Information
Jardins François Binon, 06230 Villefranche-sur-Mer
℡ 04 93 01 73 68, www.villefranche-sur-mer.com
Nov.–Feb. tägl. außer Mo 9–12, 13–17, März–Juni, Sept. tägl. außer Mo 9–12 und 14–18, Juli/Aug. tägl. außer Mo 9–18 Uhr

Les Musées de la Citadelle
Villefranche-sur-Mer, ℡ 04 93 76 33 27
Geführte Touren auf Anfrage, Museen: tägl. Juni–Sept. 10–12 und 15–18.30, Okt.–Mai 10–12 und 14–17.30 Uhr, Di, So morgens und Nov. geschl., Eintritt frei
Im 16. Jh. ließ der Herzog von Savoyen zum Schutz der Grafschaft Nizza Zitadelle, Hafen und zwei Außenforts anlegen. Sie waren Vorläufer einer neuen Bastion, in der heute neben dem Rathaus das **Musée Volti** (Arbeiten des Bildhauers Volti), das **Musée Goetz-Boumeester** (Werke von Christine Boumeester und Henri Goetz) und die **Sammlung Roux** (historische Keramikfiguren) untergebracht sind.

Chapelle St-Pierre
1, quai Courbet, Port de Villefranche-sur-Mer
℡ 04 93 76 90 70, tägl. außer Di Frühling/Sommer 10–12

Viel Flair: Fischerhafen und die verwinkelte Altstadt von Villefranche-sur-Mer

Villefranche-sur-Mer · St-Jean-Cap-Ferrat

und 15–19, Herbst/Winter 10–12 und 14–18 Uhr, Mitte Nov.–Mitte Dez. geschl., Eintritt € 3, bis 15 J. frei
Das Innendekor der Kapelle stammt von Jean Cocteau, deshalb wird sie auch *Chapelle Cocteau* genannt.

La Mere Germaine
9 Quai Courbet, Villefranche-sur-Mer
℡ 04 93 01 71 39, tägl. Lunch/Dinner
Traditionsreiches Restaurant am Wasser, in dem schon Jean Cocteau dinierte. Spezialisiert auf Fisch und Meeresfrüchte, ist besonders die Bouillabaisse berühmt. €€€

La Baleine Joyeuse
Port de la Darse, Villefranche-sur-Mer
℡ 06 22 28 09 57, tägl. Lunch/Dinner
Auf den ersten Blick wirkt das Restaurant wie ein Hafenimbiss, in dem die Franzosen ordentlich zu Mittag essen. Doch neben Sandwiches & Co. werden auch Pasta und solide Tagesgerichte serviert, die man mit Blick auf Hafen und Yachten verspeist. €

Die echte »Savon de Marseille«

Marche à la Brocante
Villefranche-sur-Mer
Sonntags findet auf dem Place Amélie-Pollonais und im Jardin François Binon ein Trödelmarkt statt.

St-Jean-Cap-Ferrat
Der alte Fischerort, der sich zum Tummelplatz von Blaublütern, Künstlern und Schriftstellern entwickelt hat, ist gerade mal 100 Jahre alt. 1905 entstand er aufgrund der Abtrennung von Villefranche-sur-Mer. Prächtige Villen mit weitläufigen Gärten bestimmen das Bild auf der Halbinsel, auf der die prunkvollste Villa der »Blauen Küste« steht: die **Villa Ephrussi de Rothschild**, ein absolutes Besucher-Muss. Aber es finden sich auch schöne Strände, ein Zoo und auf dem Kap ein Leuchtturm von 1949, der eine 360-Grad-Panoramasicht ermöglicht und zu dem man hinspazieren kann (*Tour du Cap*-Schildern folgen). Diese Perle an der Französischen Riviera verspricht in jedem Falle angenehme Ferien.

Tourist Information
59, av. Denis Séméria, 06230 St-Jean-Cap-Ferrat
℡ 04 93 76 08 90, www.saintjeancapferrat.fr
Tägl. außer So 9–17 Uhr

Musée des Coquillages
Quai Lindbergh, St-Jean-Cap-Ferrat
℡ 04 93 76 17 61
Mo–Fr 10–12 und 14–18, Sa/So 14–18 Uhr, Eintritt € 2
Beeindruckend: die größte Mittelmeer-Muschelsammlung mit ca. 1200 Exemplaren.

Vista Points

Der alte Leuchtturm am Cap Ferrat

❼ Villa & Jardins Ephrussi de Rothschild
St-Jean-Cap-Ferrat
04 93 01 33 09, www.villa-ephrussi.com
März–Okt. 10–18, Juli/Aug. bis 19, Nov.–Feb. Mo–Fr 14–18, Sa/So und in den Ferien 10–18 Uhr
Eintritt € 13/10, inkl. Villa Kérylos € 20/15,50

C9

Erbauerin der prächtigen, auf einem Hügel gelegenen Villa mit ihren sieben Gärten ist Béatrice Ephrussi, geborene Baronin de Rothschild. Sie entdeckte Cap Ferrat 1905, als die Côte d'Azur zur beliebten Sommerfrische wurde. Sie erwarb das Grundstück an der engsten Stelle der Halbinsel und beauftragte bis zu 40 Architekten, die in sieben Jahren das an die Renaissance-Palazzi in Venedig oder Florenz erinnernde Haus errichteten. Aus der ganzen Welt ließ die leidenschaftliche Sammlerin Kunstwerke kommen. Nach dem Tod der Baronin 1934 wurde die Villa zum Museum umgewandelt.

Herrlich sind die Gärten! Vom französischen, in Form eines Schiffsdecks angelegten Garten mit Wasserspielen und der Kopie des Liebestempels des Trianons zweigen die anderen ab. So die Gärten im spanischen, florentinischen, japanischen, provenzalischen Stil, der Rosen- und Steinkunstgarten. Atemberaubend schön ist der Blick auf Meer und Küste und die **Villa Kérylos** (vgl. S. 63).

C9

Capitaine Cook
11, av. J. Mermoz, St-Jean-Cap-Ferrat
04 93 76 02 66, Do mittags und Mi geschl.
Ausgezeichnete Fischspezialitäten. €€

Im Grand Hôtel auf dem Cap Ferrat treffen sich im März/April Musikfreunde zum **Musikfestival**.

B9

Beaulieu-sur-Mer

Der einstmals bei der High Society sehr beliebte Badeort versprüht immer noch ein bisschen Belle-Époque-Atmosphäre. Dazu tragen auch die beiden prächtigen Grand-

Die Villa Ephrussi de Rothschild und ihre Gärten in St-Jean-Cap-Ferrat sind ein absolutes Besucher-Muss

St-Jean-Cap-Ferrat · Beaulieu-sur-Mer · Èze

Villa Kérylos in Beaulieu-sur-Mer

hotels bei. Wer genug hat von Yachthafen, Kasino und palmengesäumten Stränden sollte keinesfalls eine Besichtigung der **Villa Kérylos** versäumen.

ℹ Tourist Information
Place Georges Clemenceau
06310 Beaulieu-sur-Mer
✆ 04 93 01 02 21, www.beaulieusurmer.fr
Sept.–Juni Mo–Fr 9–12.15 und 14–18, Sa bis 17, Juli–Sept. Mo–Fr 9–18.30, Sa 9–12.30 und 13.30–18-30, So/Fei. 9–12.30 Uhr

◉ ❼ Villa Kérylos
Impasse Gustave Eiffel, Beaulieu-sur-Mer
✆ 04 93 01 01 44, www.villa-kerylos.com
Mitte Feb.–Okt. tägl. 10–18, Juli/Aug. bis 19, Nov.–Mitte Feb. Mo–Fr 14–18, Sa/So und in den Ferien 10–18 Uhr
Eintritt € 11,50/9, € 20/15,50 inkl. Villa Ephrussi de Rothschild
Die Schönheit eines antiken Palastes und der Komfort der Moderne, so stellte sich Théodore Reinach sein künftiges Heim vor. Mit der am Meer liegenden Villa Kérylos hat er sich diesen Traum aus Fresken, Mosaiken, Kunstduplikaten und ausgesuchten Möbeln verwirklicht (1902–10). Auf der anderen Seite schräg gegenüber der Bucht liegt die Villa Ephrussi de Rothschild auf einer kleinen Halbinsel.

❽ Èze

Sprich: Ääs! Der süße Ort, 1000 Jahre alt und 427 Meter über dem Meeresspiegel gelegen, ähnelt einer Zuckertüte, bekrönt von der wirklich tollen Altstadt mit steilem Gassengewirr, Belle-Époque-Villen, Luxushotels und einigen netten Restaurants und Cafés. Vom mittelalterlichen Dorf hebt sich die **Kirche Notre-Dame-de-l'Assomption** durch ihre klassische Fassade ab. Sehenswert sind die Ruinen des alten **Schlosses** am höchsten Punkt von Èze, das auf Befehl Louis XIV. 1706 zerstört wurde. Im Sommer finden hier heute Konzerte statt. Einen Blick wert sind auch die **Gärten von Èze**. Apropos: Der Blick von hier auf die Côte d'Azur ist phänomenal und neben dem mittelalterlichen

Vista Points

Einen Blick wert: der Jardin d'Èze

Altstadt-Ambiente mit ein Grund dafür, dass zahlreiche Touristenbusse Station machen. Berühmte Gäste waren auch schon in Èze zu Gast, so Nietzsche, der hier mehrere Sommer verbrachte. Es gibt einen nach ihm benannten Pfad zum Meer, auf dem er »Also sprach Zarathustra« beendet haben soll. Auch Bono, Sänger von U2, lebte hier.

Tourist Information
Place du Général de Gaulle, 06360 Èze Village
℡ 04 93 41 26 00, www.eze-tourisme.com
Okt.–März Mo–Sa 9–17, Apr./Mai, Sept. Mo–Sa 9–18, Jun.–Aug. Mo–Sa 9–19 Uhr, Juli/Aug. auch So
Bietet verschiedene geführte Touren durch Èze an.

✪ Le Jardin Exotique
Place du Général de Gaulle
℡ 04 93 41 10 30, tägl. Sept.–Juni 9–17.30/18.30, Juli/Aug. bis 20 Uhr, Eintritt frei
Exotische Pflanzen, ein herrlicher Blick, die Ruinen eines Château, Wasserbecken und Skulpturen locken in den auf knapp 430 m Höhe gelegenen Garten.

✕ La Chèvre d'Or
Moyenne Corniche, Rue du Barri, Èze
℡ 04 92 10 66 66, www.chevredor.com
Mai bis Mitte Okt. tägl. 19–22.30 Uhr
Traumhafte Genüsse mit fantastischem Ausblick, aber zwei Michelin-Sterne haben auch Ihren Preis. Etwas günstiger ist es im dazugehörigen mediterranen Restaurant **Les Remparts**. €€€

✕ Le Troubadour
4, rue du Brec, Èze
℡ 04 93 41 19 03, Mo mittags und So geschl.
In einem schönen alten Haus in der Altstadt werden saisonale provenzalische Spezialitäten serviert. €€

Èze · Cap d'Ail

🎁 L'Herminette Ezasque
1, rue Principale, Èze, ✆ 04 93 41 13 59
Skulpturen aus Olivenbaumholz.

🎁 Fragonard
Èze, ✆ 04 93 41 05 05, www.fragonard.com
Die Parfümfabrik aus Grasse hat hier einen Ableger, wo man sich über die Parfümherstellung informieren und mit Duftfläschchen eindecken kann.

🎁 Parfumerie Galimard
Place du Général de Gaulle, Èze
✆ 04 93 41 10 70, www.galimard.com
Parfümherstellung und Verkauf.

🎁 Au Souffle d'Èze
2, rue de la Paix, Èze
✆ 04 93 41 35 62
Schönes aus Glas.

Cap d'Ail

Der kleine Küstenort zwischen Nizza und Monaco bildet so etwas wie das Eingangstor zum Fürstentum Monaco. Es gibt einen Strand, beeindruckende Klippen und Küstenwege, die tolle Meerblicke bieten – auf einem der Wege lässt sich das Cap umrunden. Interessant sind auch die Belle-Époque-Villen, die an Winston Churchill und Greta Garbo erinnern. Die **Villa le Roc Fleuri** im italienischen Stil ist zwar nicht zu besichtigen, dafür aber ihr schöner Botanischer Garten mit seinem Palmenhain (23, av. du Docteur Onimus, Mitte Aug.–Sept. nachmittags).

ℹ️ Tourist Information
87 bis, av. du 3 Septembre, 06320 Cap d'Ail
✆ 04 93 78 02 33, www.cap-dail.com
Jan.–Mai, Okt.–Dez. Mo–Fr 9.30–12.30, 13.30–17.30, Sa 9–13, Juni, Sept. Mo–Fr 9–12.30, 14.30–18, Sa 9–13, Juli/Aug. Mo–Sa 9–12.30, 14.30–18, So 9–13 Uhr

👁 Centre Mediteranéen d'Etudes françaises
Chemin des Oliviers, Cap d'Ail
www.centremed.monte-carlo.mc
Ende der 1950er/Anfang der 1960er Jahre schuf Jean Cocteau einen Kulturkomplex in Form eines antiken Amphitheaters. Viele Erinnerungsstücke an den Künstler werden hier aufbewahrt.

✿ Jardin Sacha Guitry
Cap d'Ail, Eintritt frei
Außergewöhnliche mediterrane Pflanzen wachsen im Garten der Villa des Autors Sacha Guitry. In der Tourist Information sollte man sich nach Besichtigungen mit einem Botaniker erkundigen.

Vista Points

Blick von der Corniche auf Monte Carlo

❾ Monaco/Monte Carlo

Das Fürstentum Monaco mit Monte Carlo ist Inbegriff von Glanz und Glamour, von Luxus und Verschwendung, Treffpunkt der Reichen und Schönen, Parkplatz für Edelkarossen und Luxusyachten. Seit dem Hochmittelalter konnte der kleine Staat seine Unabhängigkeit unter der Herrschaft der Grimaldis meist bewahren. Heute zeigt er, wie ein Mini-Fürstentum überleben kann, indem es den Reichen dieser Welt Schutz vor dem Fiskus und gleichzeitig hohe Sicherheit gewährt. Damit dieses geniale Konzept der Grimaldi AG aufgehen konnte, musste Platz geschaffen werden, und in Monaco bedeutet dies, in die Höhe bauen und Tunnel graben. Denn wenn es auf dem Felsen an der Traumküste an irgendetwas mangelt, dann ist das Grund und Boden.

Noch bis Mitte des 19. Jahrhunderts waren die Monegassen bitterarm. Erst als das Kasino ab Mitte der 1860er Jahre erfolgreich war und Monaco 1868 an das französische Eisenbahnnetz angeschlossen wurde, begann das Fürstentum allmählich zu prosperieren. Das Kasino war es auch, das die Prominenz und den europäischen Adel nach Monte Carlo lockte. Nach dem Zweiten Weltkrieg nahm das Fürstentum richtig Fahrt auf und entwickelte sich unter Fürst Rainier III. immer mehr zu einem erfolgreichen Wirtschaftsunternehmen. Allerdings besteht inzwischen eine Wirtschafts- und Zollunion mit Frankreich, und außenpolitisch wird der Zwergstaat von der französischen Republik vertreten.

Fürstin Gracia Patricia von Monaco, alias Grace Kelly

Wer nach Monte Carlo fährt, darf natürlich das **Casino** nicht verpassen. 1878 wurde es von Charles Garnier, dem Architekten der Pariser Oper, erbaut. Die Villa Sauber, die zum Nouveau Musée National de Monaco gehört, stammt ebenfalls von ihm. Ein marmornes, mit Säulen bestücktes Atrium und mehrere Spiel-

Monaco/Monte Carlo

zimmer mit bunten Fenstern, Skulpturen, allegorischen Bildern und bronzenen Lüstern erwarten den staunenden Besucher. Die ganz in Rot und Gold gehaltene *Salle Garnier* ist seit über einem Jahrhundert Bühne für internationale Operninszenierungen, Konzerte und Ballettaufführungen. Vor dem berühmten Spielkasino erstrecken sich großzügige, farbenprächtige Grünanlagen mit schönen Springbrunnen. Wer sein Geld lieber verfuttert statt verspielt, kehrt lieber ins Drei-Sterne-Restaurant von Alain Ducasse an dem Place du Casino ein. Billiger wird es vielleicht nicht, aber man schwelgt in unglaublichen kulinarischen Genüssen. Am selben Platz befinden sich die beiden Institutionen Café de Paris und Hôtel de Paris. Das Meer und das **Centre de Congrès** sind ganz in der Nähe, der Strand vor der Avenue Princesse Grace ist jedoch künstlich aufgeschüttet.

Eine weitere Attraktion ist der prächtige **Fürstenpalast**. Tagtäglich gibt es ein Spektakel vor der kanonenbestückten Residenz auf dem Place du Palais: die Wachablösung jeden Mittag um fünf vor zwölf. Wer die Garde versäumt, ergötzt sich an der herrlichen Aussicht auf Monte Carlo und Umgebung. Die Monegassen lieben ihr altes Stück Monaco: die **Altstadt** mit der Chapelle de la Miséricorde, den Jardins St-Martin, der Place St-Nicolas und der Rampe Major.

ℹ Tourist Information
2, bd. des Moulins, MC 98030 Monaco
℅ +377 92 16 61 16, www.monaco-tourisme.com
www.visitmonaco.com, Mo–Sa 9–19, So/Fei 11–13 Uhr

🚋 Natürlich fährt auch durch Monaco ein kleiner **Touristenbummelzug**, Abfahrt am Musée Océanographique (Saison tägl. 10–17 Uhr, im Winter außer Jan. und Mitte Nov. bis Weihnachten 10–17 Uhr).

Anziehungspunkt für Viele: das mondäne Spielkasino von Monte Carlo

Vista Points

bC1

🏛 Collection des Voitures anciennes
Terrasses de Fontvieille, Monaco
✆ +377 92 05 28 56, www.palais.mc
Tägl. 10–18 Uhr
Eintritt € 6,50/3
Fürst Rainier III. war begeisterter Autofan, seine stattliche Sammlung umfasst rund 100 Wagen vom Oldtimer bis zum Rennwagen.

bC1

🏛 Musée des Souvenirs Napoléoniens
Place du Palais, Monaco
✆ +377 93 25 18 31, www.palais.mc
2. April–Okt. tägl. 10–18, Dez.–März tägl. 10.30–17 Uhr, letzter Einlass jeweils 30 Min. vor Schluss
Über 1000 Exponate erinnern im südlichen Schlossflügel an Napoléon und die Grimaldis, u. a. Uniformen, Medaillen.

bC1

🏛 Musée des Timbres et des Monnaies
11, Terrasses de Fontvieille, Monaco
✆ +377 98 98 41 50, tägl. 9.30–17, Juli–Sept. bis 18 Uhr
Eintritt € 3/1,50
Hier kann man Münzen und Briefmarken bestaunen. Besonders wertvolle Marken liegen hinter imposanten Türen in einem eigenen Raum mit Speziallampen bei 18 °C.

bC1

🏛 Musée Naval
Terrasses de Fontvieille, Monaco
✆ +377 92 05 28 48, www.musee-naval.mc
Tägl. 10–18 Uhr, Eintritt € 4/2,50
Schifffahrtsgeschichte anhand von über 250 Modellen und Objekten von der Antike bis heute. Die Sammlung ist eine der vielfältigsten weltweit.

bD2/3

🏛 ► 🦈 Musée Océanographique
Av. St-Martin, Monaco
✆ +377 93 15 36 00, www.oceano.mc
Tägl. April–Juni, Sept. 10–19, Juli/Aug. 9.30–20, Okt.–März 10–18 Uhr
Eintritt € 14/7
Keine Angst vorm weißen Hai, der lebt mit seinen Verwandten – 4000 Arten von Meeresgetier – in einer großen Lagune im Ozeanischen Museum. Beeindruckend die Lage des im Jahr 1910 von Prinz Albert I. gegründeten Meeresmuseums: Seine imposante Fassade ragt auf einer steilen Klippe am Meer in den Himmel.

bA4
westl.
bB1

🏛 Nouveau Musée National de Monaco
Villa Sauber, 17, av. Princesse Grace, Monaco und
Villa Paloma, 56, bd. du Jardin Exotique, Monaco
www.nmnm.mc
Tägl. 10–18, Juni–Sept. 11–19 Uhr
Eintritt € 6, Kombiticket € 10
Monaco hat ein neues Nationalmuseum, bestehend aus zwei Häusern. In der nach Renovierung 2010 wieder eröff-

Monaco/Monte Carlo

neten Villa Sauber befindet sich weiterhin die beeindruckende Puppen- und Automaten-Sammlung der Madame de Galéa. Die Villa Paloma, eine ehemalige Patrizier-Villa neben dem botanischen Garten, wurde im September 2010 mit der Ausstellung »La Carte d'après Nature« des deutschen Künstlers Thomas Demand eröffnet. In dem neuen Museum wird auf 1500 m² moderne und zeitgenössische Kunst gezeigt.

Cathédrale de Monaco
Avenue Saint-Martin, Monaco
✆ +377 93 30 87 70, www.cathedrale.mc

Anno 1875 wurde die römisch-byzantinische Kathedrale aus weißem Turbie-Gestein erbaut. Sie ist letzte Ruhestätte der Fürstenfamilie. 2005 wurde Fürst Rainier III. neben seiner 1982 verstorbenen Frau, Fürstin Gracia Patricia, bestattet. Eine schlichte Grabplatte erinnert an sie. Prunkvoll sind hingegen der Altar und der erzbischöfliche Thron aus weißem Carrara-Marmor.

Casino
Place du Casino, Monaco
✆ +377 98 06 21 21, www.montecarlocasinos.com
www.casinomontecarlo.com
Tägl. ab 14 Uhr
Eintritt € 10, Mindestalter für den Kasinobesuch 18 J.

Den Bau des pompösen Zockerparadieses schuf Charles Garnier.

Opéra de Monte Carlo
Place du Casino, Monaco
✆ +377 98 06 28 28
www.opera.mc

Das prächtige Opernhaus wurde 1878 errichtet. Von Gustave Eiffel, Erbauer des Eiffelturms, stammt das Stahlgerüst, das die 35 m hohe kupferne Kuppel stützt. Auch innen geht es prunkvoll zu.

Palais Princier de Monaco
Place du Palais, Monaco
✆ +377 93 25 18 31, www.palais.mc
Tägl. April–Okt. 10–18 Uhr
Eintritt € 8/4
Die Grimaldis wussten schon immer, wo es schön ist. Ihr 1215 auf den Mauern einer einstigen Festung der Genueser erbauter Fürstenpalast besticht durch seine einzigartige Lage. Wenn die Grimaldis im Sommer nicht zu Hause sind, können Teile des Palastes wie die Galerie im italienischen Stil, der Salon Louis XV., der Thronsaal, die Tour Ste-Marie und der Ehrenhof besichtigt werden.

Nobel: das Foyer des Hotels Hermitage (Monte Carlo)

Vista Points

Monaco aus der Vogelperspektive
Wenn schon dekadent, dann richtig. Monaco kann man sich auch aus der Luft angucken, man braucht nur einen zehnminütigen Helikopterflug zu buchen. Kostenpunkt um € 60 pro Person bei vier Leuten (vom Héliport, Av. des Ligures, z. B. mit Héli Air Monaco, ℂ +377 92 05 00 50, www.heliairmonaco.com, oder mit Monacair, ℂ +377 97 97 39 00, www.monacair.mc).

Jardin Exotique/ Musée d'Anthropologie Préhistorique
62, bd. du Jardin-Exotique, Monaco
ℂ +377 93 15 29 80
www.jardin-exotique.mc
Garten tägl. ab 9, Mai–Sept. bis 19, Feb.–April, Okt. bis 18, Nov.–Jan. bis 17 Uhr, Eintritt € 7,20/3,80
Der Garten mit Tausenden von exotischen Pflanzen bietet eine spektakuläre Sicht auf das Fürstentum. In der Grotte de l'Observatoire unterhalb des Pflanzenparadieses wechseln sich Stalaktiten und Stalagmiten ab. Neben dem Garten beschäftigt sich das **Musée d'Anthropologie Préhistorique** mit der Urgeschichte der ersten hiesigen Bewohner.

Jardin Japonais
Av. Princesse Grace, Monaco
Tägl. 9 Uhr bis Sonnenuntergang
Eintritt frei
In der Nähe des Puppen- und Automatenmuseums erstreckt sich am Meer entlang ein 7000 m² großes Stück Asien, der schöne Japanische Garten, angelegt in Zen-Tradition.

Roseraie Princesse Grace
Fontvieille, Monaco, Eintritt frei
Am Fuß des Altstadtfelsens in Fontvieille wurde nach dem Tod von Prinzessin Gracia Patricia ein Rosengarten mit angelegt. Anlässlich des 30-jährigen Jubiläums wurde er auf das Doppelte vergrößert. Wiedereröffnet blühen nun fast 10 000 Rosen in rund 300 Arten.

Jardin Animalier
Terrasses de Fontvieille, Monaco
ℂ +377 93 50 40 30
Tägl. März–Mai 10–12 und 14–18, Juni–Sept. 9–12 und 14–19, Okt.–Feb. 10–12 und 14–17 Uhr, Eintritt € 5/3
Tiergehege am Berg, in dem einige Affenarten, Löwen, Tiger, Reptilien und exotische Vögel leben.

Monte Carlo Story
Terrasses du Parking-des-Pechêurs, Monaco
ℂ +377 93 25 32 33, Jan–Juni, Sept./Okt. 14, 15, 16, 17, Juli/Aug. 14–18 Uhr stündl., Eintritt € 7/5,50
»Monaco le Film« heißt eine gut halbstündige Kino-Multivisionsshow über die 700-jährige Familiengeschichte der Grimaldis, zu hören in acht Sprachen (u. a. Deutsch).

Monaco/Monte Carlo

Ein Klassiker: das Café de Paris in Monte Carlo

Théâtre du Fort Antoine
Av. de la Quarantaine, Monaco
℘ +377 98 98 83 83
Im steinernen Halbrund ganz im Nordosten des Felsens werden im Sommer Theaterinszenierungen aufgeführt. Außerhalb der Vorstellungen ist der Zutritt zu dem kleinen Amphitheater (350 Plätze) gratis.

Théâtre Princesse Grace
12, av. d'Ostende, Monaco
℘ +377 93 25 32 57, www.tpgmonaco.com
Die Theaterbühne von Monaco.

Café de Paris
Place du Casino, Monte Carlo
℘ +377 98 06 76 23, tägl. 8–2 Uhr
Der Klassiker, um im Sommer auf der Terrasse am Kasino echte Monte-Carlo-Luft zu schnuppern. Innen schönes Brasserie-Ambiente. €€€

Le Louis XV – Alain Ducasse
Place du Casino, Monte Carlo
℘ +377 98 06 88 64, Di/Mi (Ende Juni–Anfang Sept. Mi abends geöffnet) und Dez. geschl.
Höchst dekorierter Genusstempel von Starkoch Alain Ducasse. Klassisches Ambiente mit Terrasse zum Kasino. €€€

Polpetta
2, rue Paradis, Monte Carlo
℘ +377 93 50 67 84, Sa mittags und Di geschl.
Ordentlicher, rustikaler Italiener mit Veranda. €€

Buddha-Bar Monte-Carlo
Place du Casino, Monte Carlo
℘ +377 98 06 19 19, www.buddhabarmontecarlo.com
Di–Sa 18–2 Uhr
Exotische Bar, mit Happy Hour (18–20 Uhr).

Vista Points

bD2

🏠 Chocolaterie de Monaco
Place de la Visitation, Monaco
✆ +377 97 97 88 88, www.chocolateriedemonaco.com
Seit rund 90 Jahren gibt es dieses Schokoladenparadies, das nur Schokolade mit mindestens 70 Prozent Kakao herstellt und verkauft.

bC2

🏠 Isabelle Pierre
41, rue Grimaldi, Monaco
✆ +377 99 99 61 89, www.pierre.mc
Im ältesten Antiquitätenshop am Platze gibt es alles von zierlichen Zuckerdöschen bis zu Louis-quatorze-Möbeln.

bB3/4

🏠 Manufacture de Monaco
Centre Commercial Le Métropole
4, av. de la Madone, Monaco
✆ +377 93 50 64 63, www.mdpm.com, Mo–Sa 10–19.30 Uhr
Boutique der Porzellanmanufaktur der monegassischen Familie Rozewicz, die auch fürs Fürstenhaus produziert.

bC1

🏠 Noor Arts
15, rue Princesse Caroline, Monaco
✆ +377 93 50 12 55
Im Zentrum gelegener Antiquitätenladen, der Schmuck, Kristall, Bilder und Art-déco-Stücke im Angebot hat.

westl. bD1

🏃 Stade Louis-II
3, av. des Castelans, Monaco
Ein Mekka für Sportfans. Fußballstadion für 20 000 Zuschauer und Swimmingpool mit olympischen Maßen.

bC1

🎵 Schön im Sommer: **Konzerte im Ehrenhof** des Fürstenpalais.

🎭 Highlights des jährlichen Event-Kalenders sind die **Rallye Monte Carlo,** der **Formel 1 Grand Prix** und das **Tennis-ATP-Turnier** von Monaco. Aber auch das **Internationale Zirkusfestival** sowie das **Fernsehfestival** sind berühmt.

Ausflugsziel:

B9

📷 🏛 Trophée d'Auguste
Av. Albert 1er, La Turbie, ✆ 04 93 41 20 84
Mitte Mai–Mitte Sept. tägl. außer Mo 9.30–13 und 14.30–18.30, sonst 10.30–13.30 und 14.30–17 Uhr
Eintritt € 5,50/4
Das 1777 fertiggestellte Denkmal über der Küste Monacos feiert die Verkündung der *Pax Romana* und den Sieg Kaiser Augustus über die Liguren. Man sieht noch Teile des Fundaments, Wandreste und einige Säulen. Erhalten ist der prächtige Innenraum. Der Hauptaltar besteht aus 17 Marmorsorten, ein anderer aus Onyx und Achat. Das Museum beherbergt archäologische Sammlungen.

Menton

⑩ Menton   B9

Es heißt, Eva soll in Menton einen Zitronenbaum gepflanzt haben, den sie aus dem Paradies stibitzt hat. Kein Wunder also, dass es »Stadt der Zitrusfrüchte« genannt wird. Als wäre das nicht schon genug, wird der 30 000 Einwohner zählende Ort in traumhafter Mittelmeerlage kurz vor der italienischen Grenze auch mit einem ausgesprochen milden Klima verwöhnt. Der Winter scheint ein Fremdwort zu sein, 316 Sonnenscheintage pro Jahr werden gezählt.

Menton ist die Hauptstadt der Parks und Gärten an der Französischen Riviera, zahlreiche tropische und subtropische Pflanzen gedeihen hier. Im 19. Jahrhundert wurden viele prächtige Parks angelegt, sieben gibt es allein im Stadtgebiet. Da wären z. B. der **Jardin Maria Séréna**, dem das mildeste Klima in ganz Frankreich nachgesagt wird, oder die unter Denkmalschutz stehenden Gärten **Jardin de la Serre de la Madone** und **Fontana Rosa**. Im **Jardin botanique du Val Rahmeh** kann man eine botanische Weltreise machen.

Die italienisch beeinflusste Barockkirche St-Michel in Menton

Auch architektonisch ist die Stadt, die sich seit 1346 im Besitz der Grimaldi, Herrscher von Monaco, befand und sich erst 1860 zum Anschluss an Frankreich entschloss, nicht hässlich – im Gegenteil. Um die Stadtgeschichte kennenzulernen, braucht man nur spazieren zu gehen. Beim Rundgang passiert man das Mittelalter, kommt an barocker Architektur vorbei, durchstreift den Belle-Époque-Badeort, und ein Stück Italien ist beim Stilmix auch dabei. Einfache Häuser und enge Gassen, Paläste und Parks prägen das Stadtbild.

Die **Altstadt** steht unter Denkmalschutz und die **Markthalle**, immer noch betriebsam, ist ein Juwel der Belle Époque. Der **Palast Carnolès** von Antoine I. von Monaco beherbergt heute das **Musée des Beaux-Arts** und steht unter Denkmalschutz. In der ehemaligen Bastion von 1636 widmet sich ein Museum Jean Cocteau.

Ein barockes Juwel thront über der Stadt: die **Basilika St-Michel**, ihr gegenüber erhebt sich die Büßerkapelle. Im Inneren der Basilika sollte man einen Blick auf das Gewölbe des Mittelschiffs mit Trompe-l'œil-Malereien werfen. Imposant ist auch die zum Kirchenvorplatz führende Freitreppe.

Im Sommer wird der Platz für das jährliche Kammermusikfestival *Festival de Musique* zur Open-Air-Bühne mit vielen Zuschauern.

Vista Points

ℹ️ Tourist Information
8, av. Boyer, Palais de l'Europe, 06500 Menton
✆ 04 92 41 76 95, www.menton.fr
www.tourisme-menton.fr
Sept.–Juni Mo–Sa 9.30–12 und 14–18, Juli/Aug. tägl. 9–19 Uhr
Erkundungsrundgänge auf den Spuren berühmter Persönlichkeiten.

ℹ️ In allen **Museen** von Menton ist der Eintritt frei, mit Ausnahme des Musée Jean Cocteau.

🏛 Galerie d'Art Contemporain
Im Palais de l'Europe
8, av. Boyer, Menton
✆ 04 93 35 49 71, tägl. außer Di 10–12 und 14–18 Uhr
Wer die Tourist Information aufsucht, kann im selben Haus Kunst beäugen. Im Erdgeschoss werden zeitgenössische Künstler präsentiert.

🏛 🌳 Musée des Beaux-Arts
Palais Carnolès, 3, av. de la Madone, Menton
✆ 04 93 35 49 71
Tägl. außer Di 10–12 und 14–18 Uhr
Die Gemälde in der ehemaligen Sommerresidenz des Prinzen von Monaco reichen vom 13. Jh. bis heute. Drumherum ein herrlicher Park mit Skulpturen und der wichtigsten Zitronenbaumsammlung Europas (geöffnet wie Museum).

🏛 Musée Jean Cocteau Collection Séverin Wunderman
Bastion du Vieux Port, Menton
✆ 04 93 57 72 30
www.museecocteaumenton.fr
Tägl außer Di 10–18 Uhr, Eintritt € 8, Kinder frei
Über dem alten Hafen erhebt sich Le Bastion, eine kleine Festung aus dem 17. Jh., die unter Cocteaus Mitwirkung zu seinem Museum umgewandelt wurde. Außerdem gibt es einen spektakulären Neubau mit Werken des Künstlers sowie bekannten Malern des 20. Jh. wie Matisse, Picasso, Chagall etc.

🏛 Musée de Préhistoire Régional
Rue Lorédan Larchey, Menton
✆ 04 93 35 84 64
Tägl. außer Di 10–12 und 14–18 Uhr
Hier geht es um die Urahnen: der Mittelmeermensch vor einer Million Jahren.

👁 🎵 Monastère de l'Annonciade
Über den 464 Stufen zählenden und von Gebetsstationen gesäumten Rosenkranzpfad erreicht man das auf einem Hügel gelegene Kloster, das seit 140 Jahren von Kapuzinermönchen geführt wird. Tolle Aussicht auf die Riviera! Im Juli lohnt der Besuch der Musikabende.

Menton

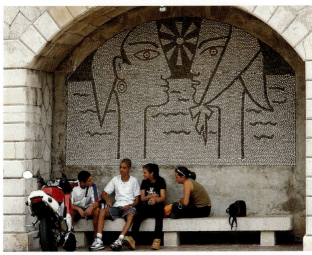

Das Musée Jean Cocteau in Menton, verziert mit Werken des Künstlers

La Salle des Mariages Jean Cocteau
Im Hôtel de Ville am Place Ardoïno
17, rue de la République, Menton
✆ 04 92 10 50 00, Mo–Fr 8.30–12 und 14–16.30 Uhr
Eintritt € 3, bis 18 J. frei
Verliebte sollten sich überlegen, in Menton zu heiraten. Aus einem normalen Rathaussaal hat der Künstler Jean Cocteau Ende der 1950er Jahre einen einzigartigen Rahmen fürs Jawort geschaffen. Die großformatigen Wandbilder lohnen den Besuch aber auch ohne eindeutige Absichten.

Petit Train de Menton
Promenade du Soleil, Menton, ✆ 04 93 41 31 09
Tägl. 10–12 und 14.15–17/18, im Sommer 15–19 Uhr
Rundfahrten mit dem Touristenzug.

Le Clos du Peyronnet
Av. Aristide Briand, Menton
✆ 04 92 41 76 95, Besichtigung auf Anfrage
In stufenförmig angelegten Becken des Parks der Familie Waterfield plätschert das Wasser hinunter bis ins Mittelmeer. Gewächse vornehmlich aus Südafrika.

Jardin botanique du Val Rahmeh
Av. St-Jacques, Menton
✆ 04 92 35 86 72
90-minütige Besichtigung mit Führung Mo 15.30 Uhr
Eintritt € 10,50
Park mit vielen außereuropäischen Pflanzen. Hier steht auch eines der seltenen Exemplare der Sophora Toromino, des mystischen Osterinsel-Baumes.

Vista Points

Jardin Fontana Rosa
Av. Vicente Blasco Ibanez, Menton
☏ 04 92 41 76 95
Nur mit Führung, Mo, Fr 10 Uhr, Eintritt € 6
Der in den 1920er Jahren angelegte Park mit damals modernen spanischen Keramiken steht unter Denkmalschutz und ist der Literatur von Cervantes, Dickens, Shakespeare und Honoré de Balzac gewidmet, von ihnen stehen Büsten am Eingang. Der spanische Schriftsteller Vicente Blasco Ibáñez (»Mare Nostrum«) legte den Garten gemeinsam mit seiner Frau Elena in den 1920er Jahren an.

Jardin Maria Serena
21, promenade Reine Astrid, Menton
☏ 04 92 41 76 95, nur mit Führung, Di 10 Uhr
Auf 1,5 ha wachsen tropische und subtropische Pflanzen, darunter jede Menge Farnpalmen. Die Villa Maria Séréna wurde vom Architekten Charles Garnier entworfen.

Jardin de la Serre de la Madone
74, route de Gorbio, Menton
www.serredelamadone.com
Tägl. außer Mo, April–Okt. 10–18, Dez.–März 10–17 Uhr, Eintritt € 8/4
Zwischen 1919 und 1939 angelegter Park mit Terrassen, Steingärten, Orangenhainen, Pergolas, Wasserflächen und seltenen Pflanzen.

Plateau St-Michel
120 000 m² großes Gelände auf einem Hügel mit uralten Ölbäumen, Pinien, Eukalyptusbäumen und Mimosen. Von hier bietet sich eine herrliche Aussicht auf Menton und Umgebung!

A Braïjade Méridionale
66, rue Longue, Menton
☏ 04 93 35 65 65
Tägl. Juli/Aug. mittags ab 12.15, abends ab 19.30, sonst mittags ab 12, abends ab 19 Uhr
Gutes Restaurant in der Altstadt mit Mini-Terrasse und mediterraner Küche. €€

Claude Monet: »Die rote Straße bei Menton« (1884)

Le Bruit qui Court
31, quai Bonaparte
Menton
☏ 04 93 35 94 64, Mi–So Lunch/Dinner
Küche des Südens, inspiriert von den Reisen der aus Belgien stammenden Restaurantbetreiber Xavier Raymakers und Sylvie Dias. €€

Le Bistrot des Jardins
14, av. Boyer, Menton

Menton

✆ 04 93 28 28 09
So abends, Mo geschl.
Frische Marktküche, die man am besten im schönen Garten genießt. €€

❌ Little Italy
7 rue Pieta, Menton
✆ 09 67 19 15 44
Tägl. außer Di 12–14 und 19–21 Uhr
Typischer Italiener mit freundlicher Bedienung und gutem Essen.
€– €€

🛍 L'Arche des Confitures
2, rue du Vieux College, Menton
✆ 04 93 57 20 29
Das Marmeladenhaus von Menton. Die dazugehörige Fabrik kann besichtigt werden.

🛍 Au Pays du Citron Menton
24, rue Saint-Michel, Menton
✆ 04 92 09 22 85
Tägl. 10–19 Uhr
Alles aus Zitrone, vom Duftwasser bis zur Marmelade.

🛍 Saveurs d'Eleonore
4, place du Docteur Fornari, Menton
Hier bekommt man provenzalische Spezialitäten wie Olivenöl, Marmelade, Sirup und Senf.

🛍 Wer Menton besucht, sollte freitags kommen, um einen Italientrip inklusive Marktbummel einzuschieben. Der **Markt in Ventimiglia**, etwa zehn Minuten mit der Bahn über die Landesgrenze, ist ein Muss. Der Zug hält direkt am Ort des Geschehens. Außerdem jeden Morgen in den **Markthallen** am Quai de Monléon.

Die stilvolle Markthalle von Menton

🎭 🎵 Im Februar/März wird zwei Wochen lang das **Zitronenfest** mit farbenfrohen Umzügen und Paraden gefeiert. Das **Festival de Musique** begleitet den Ferienmonat August musikalisch. Im Sommer dient die Altstadt als Bühne für das **Straßentheater**. Im Juli wird beim Festival **Menton, ma Ville est Tango** getanzt. Die Gärten Mentons werden im September bei den **Journées Méditerranéennes du Jardin** für ein Wochenende geöffnet. ■

Besuch der Gärten und Parks von Menton

Einige Parks können nur im Rahmen einer Führung besucht werden. Informationen erteilt die örtliche Tourist Information. Der Eintritt kostet in der Regel mit Führung € 5–10. Der Juni steht übrigens ganz im Zeichen der Gärten und Parks, dann werden den ganzen Monat außergewöhnliche Besichtigungen angeboten.

Service von A bis Z

Côte d'Azur in Zahlen und Fakten

Region: Die Côte d'Azur gehört zur Region Provence-Alpes-Côte d'Azur mit der Provinzhauptstadt Marseille im Südosten Frankreichs. Das Fürstentum Monaco zählt ebenfalls zur »Blauen Küste«.

Ausdehnung: Nicht nur die malerische Küste mit ihren Ferienorten, auch das auf mehrere hundert Meter Höhe steil ansteigende Hinterland mit sehenswerten, bekannten Städten wie Grasse ist Teil der Côte d'Azur. Im Osten wird sie von Italien begrenzt, im Westen reicht sie – zumindest in diesem Buch – bis Toulon, je nach Sichtweise aber auch schon mal bis Marseille oder nur bis westlich von Cannes.

Hauptstadt: Die Hauptstadt der Côte d'Azur ist Nizza.

Einwohner: In der gesamten Provinz leben derzeit ca. 4,5 Mio. Menschen.

Klima: Mediterran mit milden Wintern, was einst den Ruf der Côte d'Azur begründete und die ersten Reisenden, die hier überwinterten, anzog.

Anreise, Einreise

Mit dem Auto

Wer mit dem Auto anreist, kann wählen: Die Autobahnen A 6 und A 7 verbinden Paris und Lyon und die großen europäischen Autobahnnetze mit Marseille. Von dort führt die A 8 zur Côte d'Azur. Um die Autobahnmaut zu umgehen *(péage),* kann man alternativ auf die Bundesstraßen ausweichen. Im Internet kann man sich unter www.autoroutes.fr (nur in Französisch) über Mautgebühren, Tankstellen, Servicestationen, Raststätten und Hotels entlang der Straßen informieren.

Über die aktuelle Verkehrslage informieren: *Vinci Autoroutes* rund um die Uhr unter ☏ 36 05 oder im Internet www.vinci-autoroutes.com Im Radio wird die Verkehrssituation auf den Straßen beim Sender *Radio Vince* (UKW 107.7) verkündet.

Mit dem Zug

Die meisten Städte an der Côte d'Azur sind mit dem Zug zu erreichen. Von Paris aus fährt der **TGV** (Hochgeschwindigkeitszug) nach Marseille, Toulon, Cannes, Nizza und Antibes.

Eine geruhsame Alternative zur Fahrt mit dem eigenen Fahrzeug sind die **Autoreisezüge** der Deutschen Bundesbahn. Je nach Saison fahren sie regelmäßig von verschiedenen deutschen Städten (z. B. Hamburg, Düsseldorf, Neuisenburg) nach Alessandria und Narbonne. Infos: DB AutoZug, ☏ 01806-399 66 33, www.dbautozug.de. Auskünfte, Infos über Vergünstigungen und Reservierungen bei der französischen Bahn **SNCF** unter ☏ +33 (0) 892 35 35 35 (in Frankreich 36 35), www.sncf.fr, www.sncf.com oder www.tgv.com.

Der Hafen vor der Altstadtkulisse von Menton

Service von A bis Z

Mit dem Flugzeug
Die internationalen Flughäfen sind Nice-Côte d'Azur und Marseille-Provence. In Toulon-Hyères gibt es einen europäischen Flughafen.

✈ Aéroport International Marseille-Provence
✆ + 33 (0) 820 81 14 14, www.marseille-airport.com
Pendelbusse von/nach Marseille Stadtmitte alle 15–20 Min.:
Flughafen–Marseille Stadtmitte tägl. 5.10–0.10 Uhr
Marseille Stadtmitte–Flughafen tägl. 4.30–23.30 Uhr

✈ Aéroport International Nice-Côte d'Azur
✆ + 33 (0) 489 88 98 28, (0) 820 42 33 33
www.nice.aeroport.fr
Die Buslinien 98 und 99 verbinden von etwa 6 Uhr bis Mitternacht den Flughafen mit dem Zentrum von Nizza. Busse verkehren etwa alle 20 Minuten.

C8

✈ Aéroport Toulon-Hyères
✆ + 33 (0) 825 01 83 87
www.toulon-hyeres.aeroport.fr

F3

Einreise
In Frankreich ist es Pflicht, den **Personalausweis** oder **Reisepass** immer bei sich zu tragen.

Wer innerhalb der EU mit Hund, Katze oder Frettchen reisen möchte, benötigt für seinen Vierbeiner einen sogenannten **EU-Heimtierpass**, der dem Tier anhand eines Mikrochips eindeutig zuzuordnen ist und von einer Tierarztpraxis ausgestellt werden kann. Der Pass muss den Nachweis einer gültigen Tollwutimpfung enthalten (mind. 30 Tage, max. 12 Monate alt). Dieser Regelung hat sich die Schweiz angeschlossen.

Kampfhunde dürfen nicht nach Frankreich mitgenommen werden, Wach- und Schutzhunde nur, wenn beim Zoll Geburtszeugnis und Stammbaum vorgelegt werden. Hunde müssen eine Marke tragen. Am Halsband sollte man Namen, Heim- und Urlaubsadresse vermerken.

Für den Fall, dass Bello entlaufen ist, wendet man sich an die örtliche Polizei und den französischen Tierschutzverband **Société de Protection des Animaux:** ✆ 01 43 80 40 66, www.spa.asso.fr.

Auskunft

ℹ Atout France
Postfach 100 128, 60001 Frankfurt am Main
http://de.rendezvousenfrance.com
Broschüren können von der Internetseite heruntergeladen oder per Post von der französischen Zentrale für Tourismus angefordert werden.

Informationen über die Côte d'Azur im Internet

www.frankreich-info.de
www.cote.azur.fr, www.frenchriviera-tourism.com
www.visitvar.fr
www.logishotels.com, www.gites-de-france.fr, www.chambres-hotes.org
Fast alle Institutionen, Restaurants, Sehenswürdigkeiten etc. sind in Frankreich auch bei Social Networks wie Facebook präsent und dort mit näheren Informationen zu finden.

Service von A bis Z

ℹ Regionales Fremdenverkehrsamt Provence-Alpes-Côte d'Azur
61, la Canebière, 13231 Marseille
✆ 04 91 56 47 00, www.decouverte-paca.fr

Adressen und Websites der örtlichen Tourismusbüros finden Sie bei den jeweiligen Orten unter den Reiseregionen. Dort kann man sich vorab informieren und Material bestellen.

Automiete, Autofahren

Mietwagen gibt es an den Flughäfen, auf großen Bahnhöfen und in den Städten. Internationale Anbieter wie Sixt, Budget, AVIS, Europcar und Hertz sind auch an der Côte d'Azur vor Ort. Wer ein Auto mieten möchte, muss seit mindestens einem Jahr einen Führerschein haben und mindestens 23 Jahre alt sein. In der Regel empfiehlt es sich, besonders in der Hauptreisezeit, schon vom Heimatland aus zu buchen.

Anbieter im Internet:
www.sixt.de, www.autoeurope.de
www.avis.fr, www.europcar.fr, www.hertz.fr

Im Auto besteht vorne und hinten **Gurtpflicht** (Bußgeld € 135, Kinder unter zehn Jahren müssen hinten und auf einem Kindersitz bzw. einer Sitzerhöhung sitzen). Folgende **Geschwindigkeitsbegrenzungen** gelten: 50 km/h in der Stadt, 130 km/h auf Autobahnen, 110 km/h auf Schnellstraßen, 90 km/h auf allen anderen Straßen. Geschwindigkeitsüberschreitungen können teuer werden: Wer bis zu 50 km/h zu schnell ist, kann mit einem Bußgeld von € 135 und drei Jahren Fahrverbot in Frankreich bestraft werden.

Fährt man ohne im Besitz eines **Führerscheins** zu sein und wird erwischt, muss man mit € 15 000 Strafe und einem Jahr Freiheitsentzug rechnen. Die **Promillegrenze** liegt bei 0,5. Kommt man alkoholisiert in eine Verkehrskontrolle, kann das mit einem Bußgeld von € 4500, einem dreijährigen Fahrverbot in Frankreich und zwei Jahren Gefängnis enden. Seit 2012 sind Auto- und Motorradfahrer angehalten, einen unbenutzten **Alkoholtest** mitzuführen. Außerdem muss man eine Warnweste dabei haben. Wer beim **Telefonieren** mit dem Handy ohne Freisprechanlage erwischt wird, muss ebenfalls mit einem Bußgeld rechnen (€ 35. Wer gleich bezahlt, ist mit € 22 dabei).

Bei **Pannen und Notfällen** auf der Autobahn sollte man eine SOS-Rufsäule nutzen, dann ist man gleich mit der Gendarmerie, der Polizei oder der Autobahngesellschaft verbunden. Auf Autobahnen und Schnellstraßen dürfen nur lizenzierte Firmen abschleppen. Die Tarife sind reglementiert.

In den Innenstädten, an manchen Sehenswürdigkeiten und in manchen Dörfern müssen Autofahrer fürs **Parken** zahlen (ca. € 2–5). Das bedeutet allerdings nicht, dass der Parkplatz dann auch bewacht ist, deshalb gilt: Keine Wertgegenstände im Auto lassen! In den Städten gibt es neben Zonen mit Parkscheinautomaten auch Parkhäuser. Letztere sind zwar nicht billig, ersparen aber häufig die Parkplatzsuche.

Die gute Nachricht: Bei den großen Supermärkten wie Intermarché, Champion und Shopi gibt es meist gleich eine Billigtankstelle. Unter www.clever-tanken.de kann man sich über den Service der französischen **Tankstellen** und die aktuellen Benzinpreise informieren.

Service von A bis Z

Diplomatische Vertretungen

In Deutschland:

ⓘ Französische Botschaft
Pariser Platz 5, 10117 Berlin
℡ (030) 590 03 90 00
www.ambafrance-de.org
Französische Generalkonsulate in Düsseldorf, Frankfurt/Main, Hamburg, München, Saarbrücken, Stuttgart.

An der Côte d'Azur:

ⓘ Deutsche Konsulate
– 338, av. du Prado, 13008 Marseille
℡ 04 91 16 75 20, www.allemagne.diplo.de
– 34, av. Henri Matisse, 06200 Nizza
℡ 04 93 83 55 25

ⓘ Österreichisches Generalkonsulat
27, cours Pierre Puget, 13006 Marseille
℡ 04 91 53 02 08
www.bmeia.gv.at, consulatautriche@renardassocies.com

ⓘ Schweizer Generalkonsulat
7, rue d'Arcole, 13291 Marseille Cedex 6
℡ 04 96 10 14 10/11
www.eda.admin.ch, mar.vertretung@eda.admin.ch

Einkaufen

Natürlich sind vor allem die mondänen Küstenorte, allen voran St. Tropez und Monaco wahre Shopping-Paradiese. Insbesondere bei Mode und Schmuck sind hier die führenden Weltmarken vertreten. Für Kunstinteressierte lohnt ein Blick in die zahlreichen Galerien und Kunsthandwerksläden. Daneben locken besonders die regionalen Produkte wie Wein, Käse, Pasteten und Wurstwaren.

Essen und Trinken

Die südfranzösische Küche lebt von den frischen Produkten, die überall auf den Märkten angeboten werden. **Terroir** heißt das Zauberwort. Laut Taschenwörterbuch bedeutet *Terroir* (Acker-) Boden, aber auch »seine Herkunft nicht verleugnen können«.

Gasse in der Altstadt von Grasse

Service von A bis Z

Beim Essen und Trinken soll man die Region schmecken. Das gelingt bei den Weinen wie Côte du Rhône, Cassis, Bandol, Côte de Provence etc. recht gut, bei Oliven, Kräutern, Trüffeln oder Lämmern aus Sisteron ebenfalls. Und natürlich an der Küste mit Meeresfrüchten wie Muscheln und Austern.

Das Restaurantangebot reicht vom *restaurant rapido* (die französische Fast-Food-Variante) über typische Bistros, bodenständige Tables d'Hôtes, Multikulti-Lokale und Pizzerien bis zur Sushi-Bar und dem Sterne-Restaurant. Das Vaucluse hat die meisten Sterne-Köche.

Wer auf Tour ist, sollte sich an die hiesigen Essenszeiten halten. Mittagessen gibt es vielfach nur bis 14 Uhr. Danach ist die Küche geschlossen und macht erst abends wieder auf. Die letzte Bestellung wird meist um 21.30 Uhr angenommen. Restaurants mit durchgehender Küche sind sehr selten und fast nur in den Städten und den bekannten Touristenorten anzutreffen.

In vielen Lokalen ist es nach wie vor noch üblich, ein Menü zu bestellen, das mittags immer günstiger ist. Außerdem serviert fast jeder Wirt ein preiswertes Tagesgericht *(plat du jour)*. Allerdings ähneln sich die Speisekarten vielerorts sehr, und Gänsestopfleber, Kaninchen in Rosmarin, *Coq au Vin* sowie *Steak-Frites* sind häufig vertreten. Die Menüs darf man oft selbst zusammenstellen, indem man bei jedem Gang die Wahl zwischen drei bis fünf Speisen hat. Preisgünstiger als *à-la-carte* ist das Menü allemal. In einigen, meist besseren Restaurants können nur Menüs bestellt werden. Hängt der Name des Kochs *(cuisinier)* vor dem Eingang, sagt das etwas über die gute Qualität der Gerichte aus. Diese Häuser bieten in steigender Zahl auch Kochkurse an.

Neben Wein sind Kir und Pastis die Klassiker, die viel getrunken werden. Der ultragrüne Drink, der so gerne im Café bestellt wird, heißt *Menthe à l'eau*: Wasser mit einem Schuss Minzsirup – ein echter Durstlöscher.

Feiertage, Feste, Ferien

An den nachfolgenden Feiertagen sind auch die Institutionen, die sonst täglich geöffnet haben, in der Regel geschlossen:
1. Januar (Neujahr), **Ostern**, **1. Mai** (Tag der Arbeit), **8. Mai** (Ende des Zweiten Weltkriegs), **Christi Himmelfahrt**, **Pfingsten**, **14. Juli** (Nationalfeiertag), **15. August** (Mariä Himmelfahrt), **1. November** (Allerheiligen), **11. November** (Ende des Ersten Weltkriegs), **25. Dezember** (Weihnachten)

Die Hauptferienzeit der Franzosen sind im Sommer die Monate Juli/August. Vor allem während der Pariser Schulferien wird es überall rappelvoll und teuer. Beliebt sind auch die Ferien im Februar, die viele Franzosen zum Skifahren in den südlichen Skigebieten nutzen.

Das milde Klima an der Côte d'Azur lässt Pflanzen üppig blühen

Service von A bis Z

Geld, Kreditkarten

Den *Café au lait* bezahlt man in Euro. Touristen aus Nicht-Euro-Ländern können bei den Banken und der Post Geld umtauschen. Auch in Bahnhöfen, Flughäfen und in der Nähe von Sehenswürdigkeiten findet man Wechselstuben. Der Kurs ist festgelegt, die Gebühren variieren. Sie müssen in einem Aushang angegeben sein.

Bargeld kann man mit Kredit- oder EC-Karte an Geldautomaten der Banken abheben. In vielen Geschäften, Restaurants etc. werden Kreditkarten akzeptiert, EC-Karten nicht immer. Die Preise an der Côte d'Azur bewegen sich in etwa auf deutschem Niveau, in der Hochsaison ziehen die Preise an.

Hinweise für Menschen mit Handicap

Für Rollstuhlfahrer ist die Côte d'Azur nicht unbedingt ein einfaches Pflaster, man denke nur im Hinterland an die vielen Dörfer an Berghängen mit Treppen und steilen, unebenen Wegen. Auch in vielen Restaurants, Hotels und Chambres d'hôtes sind behindertengerechte Einrichtungen leider oft nicht vorhanden. Wer mit Handicap reist, sollte sich daher vor der Reise gut informieren und das Internet konsultieren, etwa die Seiten der Association des Paralysés de France (www.apf.asso.fr) oder der Organisation Tourisme & Handicaps (www.tourisme-handicaps.org).

Klima, Kleidung, Reisezeit

Die Region Provence-Alpes-Côte d'Azur erfreut sich eines mediterranen Klimas mit trockenen und warmen Sommern (bis 35 °C) und geringen Niederschlägen (unter 60 Regentage im Jahr). Im Winter ist es an der Küste mild, selten fällt das Thermometer unter 10 °C. In den südlichen Alpen pendeln die Temperaturen zwischen 0 und 5 °C. Im Frühjahr und Herbst können die Nächte kühl werden – ein dicker Pulli oder eine Jacke gehören ins Reisegepäck.

Mistral heißt der starke Wind, der eine Spitzengeschwindigkeit von 100 km/h erreichen kann. Wetterinfos gibt es bei Météo France: www.meteofrance.com, http://france.meteofrance.com.

Die Côte d'Azur ist wie die Provence ein Ganzjahresreiseziel. Die Monate Juli/August sollte man eher meiden, denn dann ist wegen der französischen Schulferien alles überlaufen und teuer und die Hitze lässt Besichtigungen zur Tortur werden. Besonders schön und nicht so voll ist es im September/Oktober und auch das Frühjahr hat seinen besonderen Reiz. Schon ab Januar/Februar blühen Mimosen und Mandelbäume, ab März wird es warm.

Medizinische Versorgung

Vor der Abreise sollte man sich über die Erstattungsbedingungen der eigenen Krankenversicherung informieren. Besorgen Sie sich von Ihrer Krankenkasse die Europäische Krankenversicherungskarte. Sie erleichtert Bürgern aus den EU-Mitgliedstaaten sowie Island, Liechtenstein, Norwegen und der Schweiz den Zugang zu medizinischen Versorgungsleistungen während eines vorübergehenden Aufenthalts im Ausland. Zu empfehlen ist zusätzlich der Abschluss einer Reisekrankenversicherung, die z. B. auch den Rücktransport übernimmt und weniger als € 10 kostet. Kreditkartenbesitzer aufgepasst: Manche Kreditkarten beinhalten bereits Reisekranken-, Gepäck- und Einkaufsversicherung.

Die Öffnungszeiten der **Apotheken** *(pharmacie)* entsprechen in der Regel den Geschäftszeiten (Mo–Sa 10–12, 14–19 Uhr). Für Notfälle gibt es Nacht- und Feiertagsdienste.

Mit Kindern an der Côte d'Azur

Die Côte d'Azur ist sicherlich kein typisches Familienreiseziel, doch Kinder sind meist gern gesehen, in Unterkünften und Restaurants ist man in der Regel auf sie eingestellt. Neben den Stränden locken etwa eine Fahrt mit dem Petit Train in Nizza oder Menton, das Marineland bei Antibes oder der Zoo am Cap Ferrat.

Nachtleben

Nightlife wird an der Côte d'Azur groß geschrieben. Überall locken Clubs, Diskotheken und Bars, die aber zumeist nicht billig sind – dennoch gibt es nicht nur Lokale für VIPs und Promis, sondern für jeden Geschmack etwas. Zentren sind St. Tropez, Cannes, Nizza, Monaco und Antibes/Juan-les-Pins.

Notfälle

Notfallnummer: ℂ 112
Ärztlicher Notdienst *(Secours médical d'Urgence)*: ℂ 15
Polizei: ℂ 17
Feuerwehr: ℂ 18

Öffnungszeiten

Die Geschäfte sind in der Regel 10–12 und 14–19 Uhr geöffnet. Kleinere Läden schließen manchmal montags halb- oder ganztags, in großen Supermärkten kann man oft durchgehend und sogar bis 20 oder 21 Uhr einkaufen. Für Banken gelten folgende Zeiten: Mo–Fr 9–12 und 14–16 Uhr. Vor Feiertagen schließen sie oft früher. Postfilialen haben normalerweise Mo–Fr 8–11 und 14–18 Uhr geöffnet sowie am Samstagvormittag.

Post, Briefmarken

Seine Urlaubspost wirft man in die gelben Briefkästen am Straßenrand oder vor jeder Postfiliale. In der Regel sind Briefe und Karten in ein bis fünf Tagen zugestellt. Bei der Post, in Souvenirshops und in Tabakläden *(Tabac)* gibt es Briefmarken *(timbres)* Im Internet findet man die aktuellen Tarife unter www.laposte.fr (auf Französisch).

Rauchen

Es gilt ein absolutes Rauchverbot in allen öffentlichen Gebäuden, seit Januar 2008 auch in Restaurants und Bistros. Allerdings kann man in Letzteren zumeist die Glimmstengel noch erstehen.

Phänomenal: der Blick von Èze-Village auf die Côte d'Azur

Sicherheit

An der Côte d'Azur ist es so sicher oder unsicher wie anderswo in in Europa – auf seinen Geldbeutel sollte man überall achten und Wertsachen nie im Auto lassen.

Wem **Ausweis** oder Pass abhanden gekommen sind, sollte erst bei der Polizei oder Gendarmerie Anzeige erstatten und dann sein Konsulat kontaktieren. Ist die **Kreditkarte** weg, muss man sie umgehend sperren lassen und, sofern sie geklaut wurde, den Diebstahl der Polizei melden. Die meisten Karten lassen sich über den Notruf +49 116 116 sperren oder bei den Kartengesellschaften:
Mastercard: ✆ 0800-90 13 87, www.mastercard.com
Visa: ✆ 0892 705 705, www.visaeurope.com
Diner's Club: ✆ +49 (0)1805-07 07 04, www.dinersclub.fr
American Express: ✆ +33 (0)1 47 77 72 00, www.americanexpress.fr

Sport und Erholung

Vor allem Wassersport wird in jeder Form in den Urlaubsorten angeboten. Es gibt jedoch auch viele Golfplätze und Reitangebote.

Strom

In Frankreich beträgt die Wechselspannung wie in Deutschland 220 Volt. Allerdings unterliegen französische Stecker einer anderen

> **Hochwassergefahr**
> **Achtung:** An manchen Flussufern weist ein gelb-schwarzes Warnschild auf die Gefahr von schnell ansteigendem Hochwasser durch Staudämme und Kraftwerke hin. Auch bei schönem Wetter sollte man diese Warnungen ernst nehmen!

Service von A bis Z

Norm. Flache Eurostecker oder Adapter sind vor Ort in Supermärkten und im Fachhandel erhältlich.

Telefonieren, Internet

Landesvorwahlen:
Frankreich: ℂ +33
Monaco: ℂ +377
Deutschland: ℂ +49
Österreich: ℂ +43
Schweiz: ℂ +41

Würzige Vielfalt: Safran, Paprika und Zimt

Die zehnstelligen französischen Rufnummern beginnen in der Provence/Côte d'Azur mit 04, wobei die 0 bei Telefonaten aus dem Ausland weggelassen wird. Über Tarife und Ländercodes kann man sich unter http://boutique.orange.fr informieren. Telefonkarten (für Telefonzellen, aufladbare Karten für Handys, Prepaid-Karten) gibt es bei der Post, in Tabak- und Souvenirläden.

Wer mit dem Mobiltelefon unterwegs ist, hat in der EU keine hohen Gebühren mehr zu befürchten. Es gelten folgende Obergrenzen: abgehende Anrufe aus dem EU-Ausland € 0,23, eingehende Anrufe im EU-Ausland € 0,06, SMS € 0,07.

Auch die Datentarife für mobiles Internet werden immer günstiger. Einige deutsche Mobilfunkunternehmen bieten inzwischen die Nutzung der eigenen Flatrate auch im Ausland gegen geringen Aufpreis an. In vielen Cafés und Hotels gibt es außerdem kostenloses WLAN.

Trinkgeld

In der Regel im Preis inbegriffen: Dennoch ist es üblich, in Restaurants aufzurunden. Man lässt sich erst den genauen Betrag herausgeben und legt das Trinkgeld dann auf den Tisch. Bei Taxifahrten oder im Hotel ist ebenfalls Trinkgeld angebracht.

Unterkunft

Chambre d'hôtes ist kein Qualitätssiegel, sondern bedeutet nur Privatzimmer. Wer etwas Besonderes sucht, sollte darauf achten,

Nizza: Blick auf die Promenade des Anglais

dass das *Chambre d'hôtes* einem Vermarktungsverbund wie etwa den *Guides de Charme* oder *Logis de France* angeschlossen ist.

Während der französischen Schulferien im Juli/August sollte unbedingt sehr frühzeitig eine Unterkunft reserviert werden. Selbst Campingplätze sind dann oft ausgebucht. Urlauber müssen in der Hochsaison mit kräftigen Preisaufschlägen rechnen. In der Nebensaison gibt es häufig Sonderpreise über das Internet, auch Handeln kann sich lohnen.

Hotelketten und Dachverbände:
www.chateauxhotels.com (u. a. französisch, englisch, deutsch)
www.inter-hotel.fr (französisch, englisch)
www.relaischateaux.com (u. a. französisch, englisch, deutsch)
www.relaisdusilence.com (u. a. französisch, englisch)
www.logishotels.com (u. a. französisch, englisch, deutsch)
www.iguide-hotels.com (französisch, englisch)
www.accorhotels.com (Ibis-, Etap- sowie Mercure-Hotels)
www.kyriad.com (französisch, englisch, deutsch)

Wohnen auf dem Land/
Bauernhöfe, Fremdenzimmer, Wanderlager etc.:
www.gites-de-france.com (englisch)

Verkehrsmittel

An der Côte d'Azur und zu den größeren Städten der Provence bestehen gute Bahnverbindungen. Besonders schön ist die Strecke an der Küste zwischen Nizza und Menton. Die kleineren Städte und Dörfer sind in der Regel an das öffentliche Busnetz angeschlossen. Je kleiner jedoch der Ort, desto seltener die Busverbindung. Größere Städte wie Nizza, Cannes, Toulon oder Marseille verfügen über mehr oder weniger gute städtische Buslinien, in Marseille gibt es zwei U-Bahnlinien. Straßenbahnen fahren in Nizza und Marseille.

Zoll

Da Frankreich zur EU gehört, bestehen keine mengenmäßigen Ein- und Ausfuhrbeschränkungen mehr. Dies gilt allerdings nur bei Waren für den persönlichen Gebrauch. Ist die Menge derart groß, dass die Zollbehörden gewerbsmäßigen Handel vermuten, müssen die Waren besteuert werden.

Als Anhaltspunkt für Tabakwaren können ca. 800 Zigaretten bzw. 200 Zigarren angesehen werden. Und Vorsicht Weinfreunde: Wenn das Wohnmobil bis unters Dach mit Weinflaschen beladen ist, werden auch die französischen Zöllner misstrauisch, bei ca. 90 Liter (davon max. 60 Liter Schaumwein) liegt die Grenze des persönlichen Bedarfs.

Für Schweizer gelten die folgenden Richtmengen: 1 Liter Spirituosen oder 2 Liter Likör oder 2 Liter Wein, 50 Gramm Parfüm oder 0,25 Liter Eau de Toilette, 200 Zigaretten oder 100 Zigarillos oder 50 Zigarren oder 250 Gramm Tabak.

Sprachführer

Die wichtigsten Wörter für unterwegs

Alltag, Umgangsformen

Für den Alltag sind sie unerlässlich, die kleinen Floskeln und Redewendungen. Sie werden sehen: Höflichkeit öffnet Türen. Wenn Sie den Begrüßungs- und Dankformeln auch noch die entsprechende Anrede von Madame, Mademoiselle bzw. Monsieur hinzufügen (Bonjour Madame, Merci Monsieur), beherrschen Sie bereits einen beträchtlichen Teil der französischen Gepflogenheiten.

Guten Tag	Bonjour
Guten Abend	Bonsoir
Gute Nacht	Bonne nuit
Freut mich, angenehm	Enchanté
Wie geht's?	Ça va? (Antwort: Ça va.)
Wie geht es Ihnen?	Comment allez-vous?
Haben Sie gut geschlafen?	Vous avez bien dormi?
Auf Wiedersehen	Au revoir
Gute Reise!	Bon voyage!
Hallo/Tschüss	Salut
Bis bald	A bientôt
Bis morgen	A demain
Einen schönen Tag/Abend (noch)!	Bonne journée/soirée!
Ebenfalls/Danke gleichfalls	Vous de même
ja, nein	oui, non
vielleicht	peut-être
Ich heiße Michael	Je m'appelle Michel
Wie ist Ihr/dein Name?	Quel est votre/ton nom?
Verzeihen Sie bitte/Verzeihung!	Excusez-moi, s.v.p./Pardon (s.v.p. = s'il vous plaît)
Vielen Dank!	Je vous remercie/Merci beaucoup.
Bitteschön/Keine Ursache	Je vous en prie

Falls Sie nicht alles verstehen (zugegeben: die Franzosen sprechen manchmal ganz schön schnell), können Sie sagen: *Je ne comprends pas. Parlez un peu plus lentement, s.v.p.* Wenn auch das nichts hilft, bleibt noch die Möglichkeit, sich das Gesagte aufschreiben zu lassen: *Voudriez-vous l'écrire, s.v.p.?*

Autofahren

Was auf Straßenschildern steht

le chantier	Baustelle
la déviation	Umleitung
le péage	Autobahngebühr
interdiction de se garer	Parkverbot
le danger	Gefahr
le verglas	Glatteis
Vous n'avez pas la priorité	Vorfahrt beachten
chaussée déformée	Straßenschäden
Gardez vos distances	Sicherheitsabstand wahren

Rund ums Auto

Mein Auto wurde gestohlen.	On m'a volé ma voiture.
Wo sind Sie versichert?	Quelle est votre assurance?
fahren	conduire
Ihren Führerschein, bitte.	Votre permis, s.v.p.
Vous allez beaucoup trop vite.	Sie fahren viel zu schnell.
Fahrzeugschein	la carte grise
la limitation de vitesse	Geschwindigkeitsbeschränkung
Parkscheinautomat	le parcmètre
Autobahn	l'autoroute
Kreuzung	le carrefour
Ampel	le feu
Parkplatz	le parking
parken	garer la voiture
Gurt	la ceinture
Tankstelle	la station-service
Benzin (Oktanzahlen verweisen auf Super- und Normalbenzin: 98 bzw. 95)	l'essence
bleifrei	sans plomb
Diesel	le gazole
Bitte volltanken.	Le plein, s.v.p.
Luft nachfüllen	gonfler les pneus
Stau	le bouchon
überholen	dépasser
Fahren Sie langsamer!	Ralentissez!
Bußgeld	l'amende
Strafzettel	la contravention, le P.V.
Zündkerze	la bougie
Zündung	l'allumage
Zündung einstellen	réglage de l'allumage
Zündschlüssel	la clef de contact

Die wichtigsten Wörter für unterwegs

In der Werkstatt / Au service de dépannage

Ich hatte einen Unfall.	J'ai eu un accident.
Ich habe eine Panne.	Je suis tombé en panne.
Das Getriebe ist kaputt.	La boîte de vitesse ne marche plus.
Ich habe einen Platten.	J'ai crevé.
Ich glaube, ich brauche einen neuen Anlasser.	J'ai besoin d'un nouveau démarreur, je crois.
Könnten Sie mich abschleppen?	Pourriez-vous me remorquer, s.v.p.?
Werkstatt	le garage
Öl, Ölstand	l'huile, le niveau d'huile
Einen Ölwechsel, bitte.	Faites la vidange, s.v.p.
Motor	le moteur
Reifen	le pneu
Scheibenwischer	l'essuie-glace
Windschutzscheibe	le pare-brise
Scheinwerfer	le phare

Einkaufen

Ich muss noch einkaufen.	Je dois faire des courses.
Geld	l'argent
Kasse	la caisse
bezahlen	payer
Preisreduzierung	la réduction
kaufen	acheter
verkaufen	vendre
Schaufenster	la vitrine
günstig, teuer	bon marché, cher
etwas mehr/weniger	un peu plus/moins
kleiner	plus petit
größer	plus grand
Ausverkauf, Schlussverkauf	les soldes
Wo finde ich die Kleidung?	Où puis-je trouver les vêtements?
Ich suche Milch.	Je cherche du lait.
Wie viel kostet dieser Pullover?	Ce pull coûte combien?
Ich brauche Socken.	Je voudrais des chaussettes.
Haben Sie Badeanzüge?	Avez-vous des maillots de bain?
Ich möchte diesen Rock anprobieren.	Je voudrais essayer cette jupe.
Wo sind die Umkleidekabinen?	Où sont les cabines (d'essayage)?
Nehmen Sie Kreditkarten?	Prenez-vous des cartes de crédit?
Welche Größe haben Sie?	Quelle est votre taille?
Ich trage Schuhgröße 40.	Je fais du 40.
ein Paar Schuhe	une paire de chaussures
Hemd	la chemise
Hose	le pantalon
Kleid	la robe
Strumpfhose	les collants
Unterwäsche	les sous-vêtements
Jacke	la veste

Les couleurs / Farben

blau	bleu
braun	brun, marron
gelb	jaune
grau	gris
grün	vert
rot	rouge
schwarz	noir
weiß	blanc/blanche

Essen und Trinken

Wo bekommt man's

Bäckerei	la boulangerie
Konditorei	la pâtisserie
Metzgerei	la boucherie/la charcuterie
Geschäft	le magasin
Markt	le marché
Lebensmittelgeschäft	l'alimentation
Supermarkt	le supermarché

Im Restaurant / Au restaurant

Die Karte, bitte.	La carte, s.v.p.
Getränkekarte/Weinkarte	la carte des boissons/des vins
Möchten Sie einen Aperitif?	Vous prenez l'apéritif?
Haben Sie gewählt?	Vous avez choisi?
Ich nehme das Menü für 20 €.	Je prends le menu à 20 €.
Als Vorspeise nehme ich ...	Comme entrée je prends ...
Hauptspeise	le plat principal
Nachspeise	le dessert
Weißwein/Rotwein/Tafelwein	le vin blanc/rouge/de table
Bier	la bière
Bier vom Fass	la pression
eine Karaffe Wasser (Leitungswasser, bekommt man in französischen Restaurants kostenlos dazu)	une carafe d'eau
Mineralwasser ohne Kohlensäure	l'eau plate
Mineralwasser mit Kohlensäure	l'eau gazeuse
schwarzer Kaffee	le café
Milchkaffee	café au lait
Kaffee mit geschlagener Milch	café crème

Sprachführer

Schnaps, Magenbitter	*le digestif*
Hat es Ihnen geschmeckt?	*Vous avez bien mangé?*
Die Rechnung, bitte.	*L'addition, s.v.p.*
Trinkgeld	*le pourboire*
Ich würde gerne rauchen.	*J'aimerais fumer.*
Haben Sie Streichhölzer und einen Aschenbecher?	*Auriez-vous des allumettes et un cendrier?*
Rauchen verboten.	*Interdit de fumer.*
Bitte rufen Sie mir ein Taxi.	*Pouvez-vous m'appeler un taxi, s.v.p.*
Wo sind die Toiletten?	*Où sont les toilettes?*

Was auf der Speisekarte steht:

Le poisson	**Fisch**
les fruits de mer	Meeresfrüchte
huîtres	Austern
moules	Miesmuscheln
la crevette	Garnele
la sole	Seezunge
le saumon	Lachs
le thon	Thunfisch
la truite	Forelle
La viande	**Fleisch**
le poulet	Huhn
le canard	Ente
l'escalope	Schnitzel
les escargots	Schnecken
la côte d'agneau	Lammkotelett
la dinde	Pute
le bifteck	Steak
le steak haché	Hacksteak
le foie gras	Gänseleberpastete
le mouton	Hammelfleisch
le rôti	Braten
le veau	Kalbfleisch
le jambon	Schinken
la saucisse	Würstchen
le bœuf	Rindfleisch
le porc	Schweinefleisch

Les légumes	**Gemüse**
les asperges	Spargel
les épinards	Spinat
la choucroute	Sauerkraut
le champignon	Pilz
le haricot	Bohne
les petits pois	Erbsen
la pomme de terre	Kartoffel
le concombre	Gurke
le chou-fleur	Blumenkohl
les crudités	Rohkost
l'oignon	Zwiebel

Les fruits	**Obst**
la pomme	Apfel
la poire	Birne
la fraise	Erdbeere
la framboise	Himbeere
la pêche	Pfirsich
la prune	Pflaume
le pruneau	getrocknete Pflaume
le raisin (sec)	Traube (Rosine)

Les garnitures	**Beilagen**
pomme de terre	Kartoffel
pommes sautées	Bratkartoffeln
pommes vapeur	Salzkartoffeln
le riz	Reis
les nouilles	Nudeln
les pâtes	Teigwaren

La cuisson	**Zubereitungsarten**
à la vapeur	gedämpft
bleu	fast roh
saignant	blutig
à point	medium
bien cuit	gut durchgebraten

Divers	**Was es sonst noch gibt**
le lait	Milch
la crème	Sahne
la crème Chantilly	Schlagsahne
le fromage	Käse
le fromage blanc	Quark
les herbes	Kräuter
l'huile	Öl
le yaourt	Joghurt
les œufs	Eier
le beurre	Butter
les épices	Gewürze
l'ail	Knoblauch
le sucre, le sel	Zucker, Salz
le poivre	Pfeffer
le vinaigre	Essig
le miel	Honig
le lait longue conservation	H-Milch
la crêpe	Eierkuchen
la tarte aux fruits	Obstkuchen
la salade aux fruits	Obstsalat
la glace (Quel parfum?)	Eis (Welche Sorte?)

Beim Bäcker

In der Bäckerei *(boulangerie)* gibt es vor allem das klassische Stangenweißbrot. Größe und Gewicht variieren vom *pain* übers *baguette* bis zur *flûte* und *ficelle*. Letzteres besteht fast nur noch aus knuspriger Rinde, so dünn ist es. Darüber hinaus wächst aber auch in Frankreich das Interesse an dunklerem Brot aus Vollkornteig. Es heißt hier *pain complet,* ist jedoch mit dem, was man in Deutschland unter einem Vollkornbrot versteht, nicht zu vergleichen. Außerdem gibt's neben *croissants* und *pains au chocolat* z.B. *brioche* (ein süßer, weicher Teig), *éclair* (Brandteig mit Pudding), *gâteau* (Kuchen) und *tarte* (Obstkuchen).

Die wichtigsten Wörter für unterwegs

Kosmetik, Zeitungen, Post, Verkehrsmittel

Was Sie zur Körperpflege brauchen

Fön	le sèche-cheveux
Friseur	le coiffeur
Friseurin	la coiffeuse
Haarwaschmittel	le shampooing
Handtuch	la serviette
Kamm	le peigne
Lippenstift	le rouge à lèvres
Pinzette	la pincette
Rasierklingen	les lames de rasoir
Rasierschaum	la crème à raser
Seife	le savon
Sonnenmilch	la crème antisolaire
Taschentücher	les mouchoirs
Zahnbürste	la brosse à dents
Zahnpasta	le dentifrice

Zeitung

	La presse (findet man im *maison de la presse* oder im *tabac*)
Zeitung	le journal
Haben Sie deutsche Zeitungen?	Avez-vous des journaux allemands?
Wochenzeitung	l'hebdomadaire
Zeitschrift	le magazine

In der Bank — *À la banque*

Wo ist der nächste Geldautomat?	Où est le distributeur de billets le plus proche?
Ich brauche Kleingeld/Münzen.	J'ai besoin de monnaie/pièces.
Eine Unterschrift bitte.	Une signature, s.v.p.

In der Post — *À la poste*

Fünf Briefmarken für Postkarten, bitte.	Cinq timbres pour des cartes postales, s.v.p.
Briefkasten	la boîte aux lettres
(Blei-)Stift	le crayon
Umschlag	l'enveloppe
Paket	le paquet

Verkehrsmittel — *Transports*

Zug	le train
Bahnhof	la gare
Bus (Überlandbus)	l'autobus, autocar
Flugzeug	l'avion
Flughafen	l'aéroport
Fahrkarte	billet
Straßenbahn	le tramway
Schnellbahn	RER Pariser
Wo ist die nächste Métro-Station?	Où est la station de métro plus proche?
Wo muss ich aussteigen?	Où faut-il descendre?

Beim Arzt — Chez le médecin

Ich habe Halsschmerzen.	J'ai mal à la gorge.
Mir ist übel.	J'ai mal au cœur.
Er ist krank.	Il est malade.
Ich habe Bauch-/Kopfschmerzen.	J'ai mal à l'estomac/à la tête.
Sie ist erkältet.	Elle est enrhumée.
Meine Frau ist schwanger.	Ma femme est enceinte.
Stellen Sie mir bitte ein Rezept aus.	Faites-moi une ordonnance, s.v.p.
Machen Sie bitte den Mund auf.	Ouvrez la bouche, s.v.p.
Arm	le bras
Bein	la jambe
Hand	la main
Auge, die Augen	l'œil, les yeux
Ohr	l'oreille
Fuß	le pied
Herz	le cœur
Unfall	l'accident
Krankenwagen	l'ambulance
Zahnarzt	le dentiste
Durchfall	la diarrhée
Tablette	le cachet/le comprimé
Schmerz	la douleur
Fieber	la fièvre
Apotheke	la pharmacie
Spritze	la piqûre
husten, Husten	tousser, la toux
impfen	vacciner

Wo? Wie? Was? – Orientierung

Wie man nach dem Weg fragt (und die Antwort versteht)

Könnten Sie mir helfen?	Pourriez-vous m'aider, s.v.p.?
Kennen Sie das Moulin Rouge?	Connaissez-vous le Moulin Rouge?
Ist das weit von hier?	C'est loin d'ici?
Wo ist der Ausgang?	Où est la sortie?
Ich habe mich verlaufen.	Je me suis perdu.
Wie komme ich zum Montmartre?	Quel chemin faut-il prendre pour aller à Montmartre?
(nach) links	à gauche
(nach) rechts	à droite
geradeaus	tout droit

Welche Sehenswürdigkeiten gibt es in der Stadt?

Brücke	le pont
Schloss	le château
Haus	la maison
Brunnen	la fontaine
Denkmal	le monument

Sprachführer

Fluss	la rivière
Kirche	l'église (f)
Museum	le musée
Rathaus	l'hôtel de ville (m)
Turm	la tour

Telefonieren	**Téléphoner**
Nicht auflegen, bleiben Sie dran!	Ne quittez pas!
Es ist besetzt.	C'est occupé.
Ich möchte gern Herrn X sprechen.	J'aimerais parler à Monsieur X.
Ist er da?	Est-ce qu'il est là?
Ich werde es später noch einmal versuchen.	J'essayerai plus tard.
jemanden anrufen	appeler quelqu'un
Kann er mich zurückrufen?	Peut-il me rappeler?
einen Anruf machen	donner un coup de téléphone
Telefonzelle	la cabine de téléphone
Telefonkarte	la carte de téléphone
Mobiltelefon	le cellulaire

Unterkunft	**Se loger**
Hätten Sie ein Zimmer für zwei Personen?	Auriez-vous une chambre pour deux personnes?
für eine Nacht, mit einem Doppelbett	pour une nuit, avec un grand lit
oder zwei Betten.	ou deux lits.
mit einem Zusatzbett für unser Kind.	avec un lit supplémentaire pour notre enfant
Kann ich es sehen?	Puis-je la voir?
Ich habe ein Zimmer reserviert.	J'avais retenu une chambre.
Wann gibt es Frühstück? (Achtung, das Frühstück ist oft nicht im Übernachtungspreis inbegriffen)	A quelle heure sert-on le petit déjeuner?
Wecken Sie mich bitte um sieben Uhr.	Réveillez-moi à sept heures du matin, s.v.p.
Den Schlüssel für Zimmer 10, bitte	La clé numéro dix, s.v.p.
Wir reisen morgen/übermorgen ab.	Nous partirons demain/dans deux jours.
Waschbecken (Bei einem *chambre lavabo* befindet sich die Toilette, manchmal auch eine *douche, à l'étage*, d.h. auf dem Gang.)	le lavabo
Badezimmer (mit Badewanne)	la salle de bains
Lift	l'ascenseur
Zelt	la tente

Wetter — Le temps

Wie ist das Wetter?	Quel temps fait-il?
die Wettervorhersage	la météo
Heute ist schönes Wetter.	Il fait beau aujourd'hui.
Welch eine Hitze!	Quelle chaleur!
Ich friere.	J'ai froid.
Die Sonne scheint.	Le soleil brille.
Der Himmel ist bewölkt.	Le ciel est couvert.
Wolken	les nuages
Schnee, es schneit.	la neige, il neige
Regenschirm	le parapluie
Es regnet	Il pleut
Nebel	le brouillard
Gewitter	l'orage
Sturm	le tempête
schwül	lourd

Zahlen — Les chiffres

null	zéro
eins	un
zwei	deux
drei	trois
vier	quatre
fünf	cinq
sechs	six
sieben	sept
acht	huit
neun	neuf
zehn	dix
elf	onze
zwölf	douze
dreizehn	treize
vierzehn	quatorze
fünfzehn	quinze
sechzehn	seize
siebzehn	dix-sept
achtzehn	dix-huit
neunzehn	dix-neuf
zwanzig	vingt
einundzwanzig	vingt-et-un
zweiundzwanzig	vingt-deux
dreißig	trente
vierzig	quarante
fünfzig	cinquante
sechzig	soixante
siebzig	soixante-dix
achtzig	quatre-vingt
neunzig	quatre-vingt-dix
hundert	cent
tausend	mille

Die wichtigsten Wörter für unterwegs

Kalender/Zeitangaben	la date
Montag	lundi
Dienstag	mardi
Mittwoch	mercredi
Donnerstag	jeudi
Freitag	vendredi
Samstag	samedi
Sonntag	dimanche
Wochenende	week-end

Uhrzeit	l'heure
Wie viel Uhr ist es?	Quelle heure est-il?
Es ist halb zehn, viertel vor zehn,	Il est neuf heures et demi, dix heures moins
viertel nach acht.	huit le quart, heures et quart.

Um wie viel Uhr beginnt das Theater?	A quelle heure commence la pièce?
Um acht Uhr (abends).	A huit heures du soir.
bis Mitternacht	jus'qu à minuit
im Morgengrauen	à l'aube

Januar	janvier
Februar	février
März	mars
April	avril
Mai	mai
Juni	Juin
Juli	juillet
August	août
September	septembre
Oktober	octobre
November	novembre
Dezember	décembre

Blick über die Dächer von St.-Tropez hinüber nach Port Grimaud

Register

Die **fetten** Seitenzahlen verweisen auf ausführliche Erwähnungen, *kursiv* gesetzte Begriffe bzw. Seitenzahlen beziehen sich auf den Service.

Aix-en-Provence 6
Anreise, Einreise 78 f.
Antibes 6, 39, **41 ff.**, *78, 84*
– Cathédrale N.-D. de l'Immaculée Conception 43
– Château Grimaldi 43
– Fort Carré 43
– Marché Provençale 45
– Marineland 43, *84*
– Musée d'Archéologie 42
– Musée de la carte postale 42
– Musée de la Marine 42
– Musée de la Tour 42
– Musée Peynet et du Dessin humoristique 42
– Musée Picasso 41, 42
Arles 6, 7
Auskunft 79 f.
Automiete, Autofahren 80
Avignon 7, *78, 79*

Beaulieu-sur-Mer 62
Behinderung, Hinweise für Menschen mit 83
Biot 45 f.
Bormes-les-Mimosas 19

Cagnes-sur-Mer 46 ff.
Cannes 4, **31 ff.**, *78, 84, 87*
– Atelier Jean Luc Pelé 34
– Chapelle Bellini 33
– Centre d'Art La Malmaison 32
– La Croisette 32
– Marché Forville 32
– Musée de la Castre 32, 33
– Notre-Dame de l'Espérance 32
– Palais des Festivals 32
– Vieux Port 32
Cap d'Ail 65
Cap d'Antibes 39, 41
Cap Ferrat 61, 62, *84*
Cap Garonne 13
Cavalière 18
Chagall, Marc 4, 48, 49, 53
Cocteau, Jean 74
Cogolin 19 f.
Côte d'Azur in Zahlen und Fakten 78

Diplomatische Vertretungen *81*

Einkaufen 81
Essen und Trinken 81 f.
Èze 63 ff.

Fayence 31
Feiertage, Feste, Ferien 82
Flughäfen 79
Fréjus 26 f., *78*

Gassin 21
Geld, Kreditkarten 83
Golfe-Juan 37 ff.
Grasse 36 f., *78*
Grimaud 24 f.

Hyères 4, 8, **14 ff.**, *79*

Îles d'Hyères 14 f., 17 f.
– Île de Porquerolles 15, 16 f.
– Île de Port-Cros 17
– Île du Levant 17
Îles de Lérins 34, 35 f.
– Île St-Honorat 35 f.
– Île Ste-Marguerite 35 f.

Juan-les-Pins **39 f.**, 41, *84*

Kindern an der Côte d'Azur, Mit *84*
Klima, Kleidung, Reisezeit 83

La Turbie 72
Le Cannet 34 f.
Le Lavandou 18 f.
Le Pradet 13
Liégeard, Stephen 4, 8
Les Issambres 26
Les Marines de Cogolin 19 f.

Marseille 4, 6, *78, 79, 80, 81, 87*
Matisse, Henri 50, 53
Medizinische Versorgung 83 f.
Menton 4, **73 ff.**, *84*
– Basilika St-Michel 73
– Jardin botanique du Val Rahmeh 73, 75
– Jardin de la Serre de la Madone 73, 76
– Jardin des Colombières 74 f.
– Jardin Fontana Rosa 73, 75
– Jardin Maria Séréna 73, 76
– La Salle des Mariages Jean Cocteau 75
– Le Clos du Peyronnet 75
– Markthalle 73
– Monastère de l'Annonciade 74
– Musée de Préhistoire Régionale 74
– Musée des Beaux-Arts 73, 74
– Musée du Jean Cocteau Collection Séverin Wunderman 74
– Palais de l'Europe 74
– Plateau St-Michel 76

Register

Monaco/Monte Carlo 6, **66 ff.**, *78, 81, 84*
- Café de Paris 67, 71
- Casino 66, 69
- Cathédrale de Monaco 69
- Centre de Congrès 67
- Collection des Voitures anciennes (Oldtimer-Sammlung) 68
- Jardin Animalier 70
- Jardin Exotique 70
- Jardin Japonais 70
- Monte Carlo Story 70
- Musée des Souvenirs Napoléoniens 68
- Musée des Timbres et des Monnaies 68
- Musée Naval 68
- Musée Océanographique 68
- Nouveau Musée National de Monaco 9, 66, 68 f.
- Opéra de Monte Carlo 69
- Palais Princier de Monaco 67, 69
- Roseraie Princesse Grace 70
- Stade Louis-II 72
- Théâtre du Fort Antoine 71
- Théâtre Princesse Grace 71

Mons 29
Mougins 34 f.

Nachtleben 84
Nizza (Nice) 6, **51 ff.**, *78, 79, 81, 84, 87*
- Atelier Soardi 54
- Cathédrale orthodoxe russe St-Nicolas 52, 55
- Cathédrale Ste-Réparate 52, 55
- Chapelle de la Miséricorde 52, 56
- Cimiez 59
- Église de l'Annonciation 56
- Espace Masséna 56
- Flughafen 79
- Franziskanerkloster von Cimiez 56
- Jardin Albert 1er 56
- Marché aux Fleurs 52, 58
- Musée d'Art Moderne et d'Art Contemporain (MAMAC) 53, 54
- Musée de paléontologie humaine de Terra Amata 55
- Musée des Arts Asiatiques 54
- Musée des Beaux-Arts 54
- Musée du Palais Lascaris 55
- Musée et site archéologiques de Nice-Cimiez 55
- Musée Matisse 54 f.
- Musée National Marc Chagall 55
- Opéra de Nice 56
- Place Garibaldi 56
- Promenade des Anglais 59
- Schlossberg 52, 56
- Terra Amata 52, 55
- Théâtre de Nice 57
- Villa Arson 55

Notfallrufnummern 84

Öffnungszeiten 84
Olbia, Site archéologique d' 15

Parc Botanique des Myrtes 25
Pays de Fayence 29
Picasso, Pablo 4, 34, 37 f., 39, 41, 42, 53
Port Grimaud 24 f.
Post 84
Presqu'île de Giens 15

Ramatuelle 21
Rayol, Le Domaine de 18 f.
Reisezeit 84
Roquebrune-sur-Argens 26

Seillans 29
Sicherheit 85
Sport und Erholung 85
St-Aygulf 27
Ste-Maxime 25 f.
St-Jean-Cap-Ferrat 61 f.
St-Paul-de-Vence 48 f.
St-Raphaël 29 ff.
Strom 85 f.
St-Tropez 4, **20 ff.**, *81, 84*
- Baie de Pampelonne 21
- Musée de l'Annonciade 21 f.
- Musée Naval de la Citadelle 22
- Place des Lices 20, 23
- Porte de la Poissonnerie 21
- Provenzalischer Markt 23
- Segelfestival 24
- Zitadelle 22

Telefonieren, Internet 86
Théoule-sur-Mer 34
Toulon 4, 8, 9, **10 ff.**, *78, 79, 87*
Trinkgeld 86
Trophée d'Auguste 72

Unterkunft 86 f.

Valbonne 46
Vallauris 37 ff.
Vence 49 ff.
Verkehrsmittel 87
Villa Ephrussi de Rothschild 61 f.
Villa Kérylos 63
Villefranche-sur-Mer 59 ff.
Villeneuve-Loubet 51

Zoll 87

95

Bildnachweis und Impressum

Bilderberg, Hamburg/Ellerbrock & Schafft: S. 41; M. Kirchgessner: S. 3 o. Mitte, 51, 53; W. Kunz: S. 31

Manuela Blisse und Uwe Lehmann, Berlin: S. 11, 13 o., 25

Friedrich Gier, Bonn: S. 15, 18, 20, 22, 36, 37, 44, 56, 58 o., 58 u., 59, 61, 82, 86 o., 87

Rainer Hackenberg, Köln: Schmutztitel (S. 1), S. 3 o. l., 32, 34, 38, 43, 47 u., 48, 49, 55, 57, 66 o., 78, 81

iStockphoto/Davidmartyn: S. 93; Graça Victoria: S. 3 u.

János Kalmár, Wien: S. 2 o. l., 3 o. r., 4/5, 60, 62 u., 63, 67, 69, 71, 75, 85, 86 u.

Maison de la France/M. Martini: S. 2 o. Mitte, 19

Office du Tourisme St-Raphaël/Patrick Berlan: S. 29; Jean-François Cholley: S. 2 o. r., 27, 30 o.

Office municipal de Tourisme d'Èze: S. 64

Torsten Vesper, Köln: S. 21, 23

Alphons Schauseil, Ville-di-Paraso: S. 73, 77

VISTA POINT Verlag (Archiv), Potsdam: S. 6, 7, 9, 10, 13 u., 16, 24, 39, 40, 42, 47 o., 62 o., 65, 66 u., 76

www.pixelio.de: S. 14, 17, 35

Schmutztitel (S.1): Kandierte Früchte vom Markt auf der Place Ch. Félix in Nizza
Seite 2/3 (v. l. n. r.): Strand in Cannes, Bormes-les-Mimosas, Massif de l'Estérel, Antibes, Negresco in Nizza, Villefranche-sur-Mer, Hafen in Nizza (S. 3 u.)

Konzeption, Layout und Gestaltung dieser Publikation bilden eine Einheit, die eigens für die Buchreihe der **Go Vista City/Info Guides** entwickelt wurde. Sie unterliegt dem Schutz geistigen Eigentums und darf weder kopiert noch nachgeahmt werden.

© VISTA POINT Verlag GmbH, Birkenstr. 10, D-14469 Potsdam
5., aktualisierte Auflage 2016
Alle Rechte vorbehalten
Reihenkonzeption: Andreas Schulz & VISTA POINT-Team
Bildredaktion: Andrea Herfurth-Schindler
Lektorat: derschönstesatz, Köln; Christine Berger
Layout und Herstellung: Sandra Penno-Vesper, Kerstin Hülsebusch-Pfau
Reproduktionen: Henning Rohm, Köln
Kartographie: Kartographie Huber, München
Druckerei: Colorprint Offset, Unit 1808, 18/F., 8 Commercial Tower, 8 Sun Yip Street, Chai Wan, Hong Kong
VP10XV

ISBN 978-3-95733-605-7

An unsere Leser!
Die Informationen dieses Buches wurden gewissenhaft recherchiert und von der Verlagsredaktion sorgfältig überprüft. Nichtsdestoweniger sind inhaltliche Fehler nicht immer zu vermeiden. Für Ihre Korrekturen und Ergänzungsvorschläge sind wir daher dankbar.

VISTA POINT Verlag
Birkenstr. 10 · 14469 Potsdam
Telefon: +49 (0)3 31/817 36-400 · Fax: +49 (0)3 31/817 36-444
info@vistapoint.de · www.vistapoint.de · www.facebook.de/vistapoint